SÉRGIO BUARQUE DE HOLANDA

O HOMEM CORDIAL

CADERNOS ULTRAMARES

ORGANIZAÇÃO E PROJETO GRÁFICO

Marcos Lacerda, Ana Paula Simonaci e Sergio Cohn

CONSELHO EDITORIAL

André Botelho

Bernardo Esteves

Boaventura de Souza Santos

Evelyn Goyannes Dill Orrico

Fréderic Vanderberghe

José Luis Garcia

Maria João Cantinho

Renato Rezende

Teresa Arijón

Vagner Amaro

ISBN 9786586962475

azougue press |
coordenação geral Sergio Cohn
coordenação editorial
Sergio Cohn — Darien Lamen — Cristián Jiménez Plaza
Brasil | CNPJ 12.272.339/0001-26
Portugal | Oca Editorial NF 515805394
USA | E. Id. 803650511
Chile | Tucán Ediciones RUT 77.369.106-1

A proposta dos Cadernos Ultramares é transpor frontei-ras. Não apenas geográficas, com a edição de um amplo panorama do pensamento brasileiro para o público português, mas também entre as áreas do saber, criando uma coleção transdisciplinar, acessível não apenas para leitores especializado, pesquisadores e acadêmicos, como para interessados em geral.

Para isto, os Cadernos Ultramares privilegiam a leveza do ensaio, a "brigada ligeira", utilizando-se de um gênero marcado pela abertura e experimentação, uma forma privilegiada para a proposição e a apresentação de interpretações da cultura e da sociedade. Nos últimos anos, o gênero ensaio tem sido revalorizado como um importante meio de diálogo entre a pesquisa acadêmica e a sociedade.

O Brasil possui uma produção riquíssima de pensamento em diversas áreas, que vão da física à antropologia, da matemática às artes. Os Cadernos Ultramares, ao trazerem importantes textos de alguns dos nossos mais renomados pensadores, sejam clássicos ou contemporâneos, busca possibilitar ao leitor um olhar amplo e qualificado sobre essa produção.

Interessa-nos a constituição de um diálogo entre áreas, de uma conversa aberta que escape das armadilhas do pensamento especializado e do produtivismo acadêmico. Interessa, antes de tudo, a valorização do encontro do leitor com o sabor do texto, do prazer da leitura e da troca livre de pensamento.

apresentação
POR Marcos Lacerda

Não são muitos os conceitos e noções que ganham o imaginário popular, de tal modo que temos dificuldade de distinguir a sua autoria. Não se sabe se pela sensibilidade fina do autor, capaz de apreender e nomear traços culturais centrais de uma determinada sociedade ou se pela sua capacidade de criar, através de argumentações engenhosas, estes mesmos traços culturais. De todo modo, é neste espaço, entre a realidade social e a invenção estética, que se situa uma das noções mais conhecidas sobre a forma de sociabilidade construída no Brasil, a noção de "homem cordial", desenvolvida por um dos nossos maiores pensadores da vida social, o historiador Sérgio Buarque de Holanda (1902-1982) e selecionada, junto com o ensaio "Um mito luso-brasileiro", para este volume da coleção Ultramares. Sérgio Buarque de Holanda é autor de um dos livros mais importantes do pensamento social brasileiro, *Raízes do Brasil* (1936), cujo força e relevância se equivale à *Casa-Grande e Senzala* (1933), de Gilberto Freyre e *Formação do Brasil contemporâneo* (1942), de Caio Prado Junior, quase como mitos fundadores dos estudos de interpretação do Brasil.

A noção de *homem cordial*, em certa medida, tem servido como parâmetro para se pensar o Brasil desde em que foi construída, seja no sentido da dimensão cultural da nossa formação, seja na dimensão mais propriamente política e social. A cordialidade como traço constitutivo do modo de ser do homem brasileiro significaria uma forma de constituição da vida social, cultural e política que se organiza através do afeto, da relação pessoal, informal e mais no âmbito da família do que da pólis, à margem da lei, do contrato e de qualquer instância impessoal de ordem racional e sistêmica. Este tipo de organização teria um duplo efeito como forma de regulação da convivência e da vida social, ora como violência arbitrária e bruta, ora como amorosidade excelsa e quente. A ambivalência do homem cordial pode soar como promessa de alternativa civilizatória real, através de um tipo de sociabilidade quente, amorosa e mais "humana", em comparação com a sociabilidade formal, impessoal e sistêmico-racional; mas também pode soar como impossibilidade de convivência civilizada mínima e autodestruição coletiva, como se pode ver nos muitos casos de autoritarismo político, violência arbitrária, desigualdade e dominação social com divisão de classe mantida a ferro e fogo, sem contar os níveis de conflitos sociais que, no Brasil, continuam a se aproximar da barbárie. A dupla face do homem cordial, assim, se mantém como um desafio potente, ao mesmo tempo em que revela a sua dimensão trágica e assustadoramente real.

Ora como expressão da barbárie profundamente incivil, ora como promessa de felicidade, ou mesmo, imagem do paraíso na terra. O segundo ensaio selecionado, "Um mito luso-brasileiro" foi publicado no livro *Visão do Paraíso*, livro que compõe bem aqui o quadro e pode se misturar à visão complexa e dúbia do homem cordial. Nele, Sérgio Buarque de Holanda apresenta, com vasta erudição, a relação entre as ideias do imaginário europeu renascentista e as narrativas a respeito do descobrimento da América e do Brasil, o vínculo complexo entre mitos, lendas, fábulas, textos religiosos, textos literários e a realidade "concreta" das novas paisagens, povos e ambiências do território recém-descoberto. Indo um pouco mais longe, ou nem tanto, poderíamos pensar o livro como a explicitação de um modo de apreensão do real e da natureza característico da *episteme do Renascimento*, para usar as conhecidas expressões do filósofo francês Michel Foucault, no sentido de que a percepção da realidade, no período histórico que recobre o Renascimento, passa pela ideia de que a natureza se acha "impregnada de mistérios e significações encobertas", como se as palavras e seus significados estivessem enoveladas nas coisas, que precisariam de uma hermenêutica própria para serem compreendidas. Para usar os termos do próprio Sérgio Buarque de Holanda, "ao longo do século XVII, a tendência para se procurarem em todas as coisas os significados ocultos, longe de constituir uma especialidade hispânica e sobretudo castelhana, estava generalizada por todo o mundo ocidental", algo que viria a se modificar a partir do século XVIII, quando a interpretação do mundo ou, se assim o quisermos, a relação entre as palavras e as coisas passa a ter como critério principal àqueles definidos pelas ciências físicas e matemáticas e, com isso, a linguagem se autonomiza em relação à natureza que passa a ser interpretada apenas através das ciências físicas e matemáticas. Trata-se, numa perspectiva foucautiana, da passagem da episteme do renascimento para a episteme clássica.

Por fim, a explicitação instigante das formas de mediação do olhar e do saber a respeito do novo continente recém-descoberto pode trazer à tona os mesmos dilemas do homem cordial e seu impasse civilizatório, quase como se a América Latina e o Brasil fossem uma encruzilhada da história do Ocidente, o "novo mundo" que faz ressurgir motivos do velho mundo pagão e cristão e que pode ser tanto o *paraíso terreal*, a vida ainda vivida na idade de ouro, quanto o seu exato oposto, aquém do último estágio civilizatório, a idade de ferro, no lusco-fusco da barbárie, entre a condição de colônia, com todo o horror da escravidão e da dizimação de etnias indígenas, passando pela precarização real das classes trabalhadoras industriais, e chegando na nova questão social da sociedade informacional, que amplia ainda mais o movimento devastador do Capital e seu monstruoso moinho de moer gente.

O HOMEM CORDIAL

O Estado não é uma ampliação do circulo familiar e, ainda menos, uma integração de certos agrupamentos, de certas vontades particularistas, de que a família é o melhor exemplo. Não existe, entre o circulo familiar e o Estado, uma gradação, mas antes uma descontinuidade e até uma oposição. A indistinção fundamental entre as duas formas é prejuízo romântico que teve os seus adeptos mais entusiastas durante o século XIX. De acordo com esses doutrinadores, o Estado e as suas instituições descenderiam em linha reta, e por simples evolução, da família. A verdade, bem outra, é que pertencem a ordens diferentes em essência. Só pela transgressão da ordem doméstica e familiar é que nasce o Estado e que o simples indivíduo se faz cidadão, contribuinte, eleitor, elegível, recrutável e responsável, ante as leis da Cidade. Há nesse fato um triunfo do geral sobre o particular, do intelectual sobre o material, do abstrato sobre o corpóreo e não uma depuração sucessiva, uma espiritualização de formas mais naturais e rudimentares, uma procissão das hipóstases, para falar como na filosofia alexandrina. A ordem familiar, em sua forma pura, é abolida por uma transcendência.

Ninguém exprimiu com mais intensidade a oposição e mesmo a incompatibilidade fundamental entre os dois princípios do que Sófocles. Creonte encarna a noção abstrata, impessoal da Cidade em luta contra essa realidade concreta e tangível que é a família. Antigona, sepultando Polinice contra as ordenações do Estado, atrai sobre si a cólera do irmão, que não age em nome de sua vontade pessoal, mas da suposta vontade geral dos cidadãos, da pátria:

E todo aquele que acima da Pátria
Coloca seu amigo, eu o terei por nulo.

O conflito entre Antígona e Creonte é de todas as épocas e preserva-se sua veemência ainda em nossos dias. Em todas as culturas, o processo pelo qual a lei geral suplanta a lei particular faz-se acompanhar de crises mais ou menos graves e prolongadas, que podem afetar profundamente a estrutura da sociedade. O estudo dessas crises constitui um dos temas fundamentais da história social. Quem compare, por exemplo, o regime do trabalho das velhas corporações e grêmios de artesãos com a "escravidão dos salários" nas usinas modernas tem um elemento precioso para o julgamento da inquietação social de nossos dias. Nas velhas corporações o mestre e seus aprendizes e jornaleiros formavam como uma só família, cujos membros se sujeitam a uma hierarquia natural, mas que partilham das mesmas privações e confortos. Foi o moderno sistema industrial que, separando os empregadores e empregados nos processos de manufatura e diferenciando cada vez mais suas funções, suprimiu a atmosfera de intimidade que reinava entre uns e outros e estimulou os antagonismos de classe. O novo regime tornava mais fácil, além disso, ao capitalista, explorar o trabalho de seus empregados, a troco de salários ínfimos.

Para o empregador moderno — assinala um sociólogo norte-americano — o empregado transforma-se em um simples número: a relação humana desapareceu. A produção em larga escala, a organização de grandes massas de trabalho e complicados mecanismos para colossais rendimentos, acentuou, aparentemente, e exacerbou a separação das classes produtoras, tornando inevitável um sentimento de irresponsabilidade, da parte dos que dirigem, pelas vidas dos trabalhadores manuais. Compare-se o sistema de produção, tal como existia quando o mestre e seu aprendiz ou empregado trabalhavam na mesma sala e utilizavam os mesmos instrumentos, com o que ocorre na organização habitual da corporação moderna. No primeiro, as relações de empregador e empregado eram pessoais e diretas, não havia autoridades intermediárias. Na última, entre o trabalhador manual e o derradeiro proprietário — o acionista — existe toda uma hierarquia de funcionários e autoridades representados pelo superintendente da usina, o diretor-geral, o presidente da corporação, a junta executiva do conselho de diretoria e o próprio conselho de diretoria. Como é fácil que a responsabilidade por acidentes do trabalho, salários inadequados ou condições anti-higiênicas se perca de um extremo ao outro dessa série.[1]

A crise que acompanhou a transição do trabalho industrial aqui assinalada pode dar uma ideia pálida das dificuldades que se opõem à abolição da velha ordem familiar por outra, em que as instituições e as relações sociais, fundadas em princípios abstratos, tendem a substituir-se aos laços de afeto e de sangue. Ainda hoje persistem, aqui e ali, mesmo nas grandes

1 F. Stuart Chapin, *Cultural change*, Nova York, 1928, p. 261.

cidades, algumas dessas famílias "retardatárias", concentradas em si mesmas e obedientes ao velho ideal que mandava educarem-se os filhos apenas para o círculo doméstico. Mas essas mesmas tendem a desaparecer ante as exigências imperativas das novas condições de vida. Segundo alguns pedagogos e psicólogos de nossos dias, a educação familiar deve ser apenas uma espécie de propedêutica da vida na sociedade, fora da família. E se bem considerarmos as teorias modernas, veremos que elas tendem, cada vez mais, a separar o indivíduo da comunidade doméstica, a libertá-lo, por assim dizer, das "virtudes" familiares. Dir-se-á que essa separação e essa libertação representam as condições primárias e obrigatórias de qualquer adaptação à "vida prática".

Nisso, a pedagogia científica da atualidade segue rumos precisamente opostos aos que preconizavam os antigos métodos de educação. Um dos seus adeptos chega a observar, por exemplo, que a obediência, um dos princípios básicos da velha educação, só deve ser estimulada na medida em que possa permitir uma adoção razoável de opiniões e regras que a própria criança reconheça como formuladas por adultos que tenham experiência nos terrenos sociais em que ela ingressa. "Em particular", acrescenta, "a criança deve ser preparada para desobedecer nos pontos em que sejam falíveis as previsões dos pais." Deve adquirir progressivamente a individualidade, "único fundamento justo das relações familiares". "Os casos frequentes em que os jovens são dominados pelas mães e pais na escolha das roupas, dos brinquedos, dos interesses e atividades gerais, a ponto de se tornarem incompetentes, tanto social, como individualmente, quando não psicopatas, são demasiado frequentes para serem ignorados." E aconselha: ''Não só os pais de ideias estreitas, mas especialmente os que são extremamente atilados e inteligentes, devem precaver-se contra essa atitude falsa, pois esses pais realmente inteligentes são, de ordinário, os que mais se inclinam a exercer domínio sobre a criança. As *boas* mães causam, provavelmente, maiores estragos do que as más, na acepção mais generalizada e popular destes vocábulos".[2]

Com efeito, onde quer que prospere e assente em bases muito sólidas a ideia de família — e principalmente onde predomina a família de tipo patriarcal — tende a ser precária e a lutar contra fortes restrições a formação e evolução da sociedade segundo conceitos atuais. A crise de adaptação dos indivíduos ao meca-

2 Knight Dunlap, Civilized life. *The principles and applications of social psychology*, Baltimore, 1935, p. 189.

nismo social é, assim, especialmente sensível no nosso tempo devido ao decisivo triunfo de certas virtudes *antifamiliares* por excelência, como o são, sem dúvida, aquelas que repousam no espírito de iniciativa pessoal e na concorrência entre os cidadãos.

Entre nós, mesmo durante o Império, já se tinham tornado manifestas as limitações que os vínculos familiares demasiado estreitos, e não raro opressivos, podem impor à vida ulterior dos indivíduos. Não faltavam, sem dúvida, meios de se corrigirem os inconvenientes que muitas vezes acarretam certos padrões de conduta impostos desde cedo pelo círculo doméstico. E não haveria grande exagero em dizer-se que, se os estabelecimentos de ensino superior, sobretudo os cursos jurídicos, fundados desde 1827 em São Paulo e Olinda, contribuíram largamente para a formação de homens públicos capazes, devemo-lo às possibilidades que, com isso, adquiriam numerosos adolescentes arrancados aos seus meios provinciais e rurais de "viver por si", libertando-se progressivamente dos velhos laços caseiros, quase tanto como aos conhecimentos que ministravam as faculdades.

A personalidade social do estudante, moldada em tradições acentuadamente particularistas, tradições que, como se sabe, costumam ser decisivas e imperativas durante os primeiros quatro ou cinco anos de vida da criança[3], era forçada a ajustar-se, nesses casos, a novas situações e a novas relações sociais que importavam na necessidade de uma revisão, por vezes radical, dos interesses, atividades, valores, sentimentos, atitudes e crenças adquiridos no convívio da família.

Transplantados para longe dos pais, muito jovens, os "filhos aterrados" de que falava Capistrano de Abreu, só por essa forma conseguiam alcançar um senso de responsabilidade que lhes fora até então vedado. Nem sempre, é certo, as novas experiências bastavam para apagar neles o vinco doméstico, a mentalidade criada ao contato de um meio patriarcal, tão oposto às exigências de uma sociedade de homens livres e de inclinação cada vez mais igualitária. Por isso mesmo Joaquim Nabuco pôde dizer que, "em nossa política e em nossa sociedade [...], são os órfãos, os abandonados, que vencem a luta, sobem e governam".[4]

3 Margaret Mead, Ruth Shoule Cavan, John Dollard e Eleanor Wembridge, "The adolescent world. Culture and personality", *The American Journal of Sociology*, jul. 1936, p. 84 ss.
4 "A perda da mãe na infância", diz ainda, "é um acontecimento fundamental na vida, dos que transformam o homem, mesmo quando ele não tem consciência do abalo. Desde esse dia ficava decidido que Nabuco pertenceria à forte família dos que fazem asperamente por si mesmos, dos que anseiam por deixar o estreito aconchego da casa e procurar abrigo no vasto deserto do mundo, em oposição aos que contraem na intimidade materna o instinto doméstico predominante. Hércules não se preocupava de deixar os filhos na orfandade, diz-nos Epicteto, porque sabia que não há órfãos no mundo." Joaquim Nabuco, *Um estadista do Império*, I, São Paulo, 1936, p. 5.

Tem-se visto como a crítica dirigida contra a tendência recente de alguns Estados para a criação de vastos aparelhamentos de seguro e previdência social funda-se unicamente no fato de deixarem margem extremamente diminuta à ação individual e também no definhamento a que tais institutos condenam toda sorte de competições. Essa argumentação é própria de uma época em que, pela primeira vez na história, se erigiu a concorrência entre os cidadãos, com todas as suas consequências, em valor social positivo.

Aos que, com razão de seu ponto de vista, condenam por motivos parecidos os âmbitos familiares excessivamente estreitos e exigentes, isto é, aos que os condenam por circunscreverem demasiado os horizontes da criança dentro da paisagem doméstica, pode ser respondido que, em rigor, só hoje tais ambientes chegam a constituir, muitas vezes, verdadeiras escolas de inadaptados e até de psicopatas. Em outras épocas, tudo contribuía para a maior harmonia e maior coincidência entre as virtudes que se formam e se exigem no recesso do lar e as que asseguram a prosperidade social e a ordem entre os cidadãos. Não está muito distante o tempo em que o dr. Johnson fazia ante o seu biógrafo a apologia crua dos castigos corporais para os educandos e recomendava a vara para "o terror geral de todos". Parecia-lhe preferível esse recurso a que se dissesse, por exemplo, ao aluno: "Se fizeres isto ou aquilo, serás mais estimado do que teu irmão ou tua irmã". Porque, segundo dizia a Boswell, a vara tem um efeito que termina em si, ao passo que se forem incentivadas as emulações e as comparações de superioridade, lançar-se-ão, com isso, as bases de um mal permanente, fazendo com que irmãos e irmãs se detestem uns aos outros.

No Brasil, onde imperou, desde tempos remotos, o tipo primitivo da família patriarcal, o desenvolvimento da urbanização — que não resulta unicamente do crescimento das cidades, mas também do crescimento dos meios de comunicação, atraindo vastas áreas rurais para a esfera de influência das cidades — ia acarretar um desequilíbrio social, cujos efeitos permanecem vivos ainda hoje.

Não era fácil aos detentores das posições públicas de responsabilidade, formados por tal ambiente, compreenderem a distinção fundamental entre os domínios do privado e do público. Assim, eles se caracterizam justamente pelo que separa o funcionário "patrimonial" do puro burocrata conforme a definição de Max Weber. Para o funcionário "patrimonial", a própria gestão política apresenta-se como assunto de seu interesse particular; as funções, os empregos e os benefícios que deles aufere relacionam-se a direitos pessoais do funcionário e não a interesses objetivos, como sucede no verdadeiro Estado burocrático, em que prevalecem a especialização das funções e o esforço para se assegurarem garantias jurídicas aos cidadãos[5]. A escolha dos homens que irão exercer funções públicas faz-se de acordo com a confiança pessoal que mereçam os candidatos, e muito menos de acordo com as suas capacidades próprias. Falta a tudo a ordenação impessoal que caracteriza a vida no Estado burocrático. O funcionalismo patrimonial pode, com a progressiva divisão das funções e com a racionalização, adquirir traços burocráticos. Mas em sua essência ele é tanto mais diferente do burocrático, quanto mais caracterizados estejam os dois tipos.

No Brasil, pode dizer-se que só excepcionalmente tivemos um sistema administrativo e um corpo de funcionários puramente dedicados a interesses objetivos e fundados nesses interesses. Ao contrário, é possível acompanhar, ao longo de nossa história, o predomínio constante das vontades particulares que encontram seu ambiente próprio em círculos fechados e pouco acessíveis a uma ordenação impessoal. Dentre esses círculos, foi sem dúvida o da família

5 Max Weber, *Wirtschaft und Gesellschaft*, II, Tübingen, 1925, pp 795 ss.

aquele que se exprimiu com mais força e desenvoltura em nossa sociedade. E um dos efeitos decisivos da supremacia incontestável, absorvente, do núcleo familiar — a esfera, por excelência dos chamados "contatos primários", dos laços de sangue e de coração — está em que as relações que se criam na vida doméstica sempre forneceram o modelo obrigatório de qualquer composição social entre nós. Isso ocorre mesmo onde as instituições democráticas, fundadas em princípios neutros e abstratos, pretendem assentar a sociedade em normas antiparticularistas.

Já se disse, numa expressão feliz, que a contribuição brasileira para a civilização será de cordialidade — daremos ao mundo o "homem cordial"[6]. A lhaneza

6 A expressão é do escritor Ribeiro Couto, em carta dirigida a Alfonso Reyes e por este inserta em sua publicação *Monterey*. Não pareceria necessário reiterar o que já está implícito no texto, isto é, que a palavra "cordial" há de ser tomada, neste caso, em seu sentido exato e estritamente etimológico, se não tivesse sido contrariamente interpretada em obra recente de autoria do sr. Cassiano Ricardo, onde se fala no homem cordial dos aperitivos e das "cordiais saudações", "que são fechos de cartas tanto amáveis como agressivas", e se antepõe à cordialidade assim entendida o "capital sentimento" dos brasileiros, que será a bondade e até mesmo certa "técnica da bondade", "uma bondade mais envolvente, mais política, mais assimiladora.
Feito este esclarecimento e para melhor frisar a diferença, em verdade fundamental, entre as ideias sustentadas na referida obra e as sugestões que propõe o presente trabalho, cabe dizer que, pela expressão "cordialidade", se eliminam aqui, deliberadamente, os

no trato, a hospitalidade, a generosidade, virtudes tão gabadas por estrangeiros que nos visitam, representam, com efeito, um traço definido do caráter brasileiro, na medida, ao menos, em que permanece ativa e fecunda a influência ancestral dos padrões de convívio humano, informados no meio rural e patriarcal. Seria engano supor que essas virtudes possam significar "boas maneiras", civilidade. São antes de tudo expressões legítimas de um fundo emotivo extremamente rico e transbordante. Na civilidade há qualquer coisa de coercitivo — ela pode exprimir-se em man-

juízos éticos e as intenções apologéticas a que parece inclinar-se o sr. Cassiano Ricardo, quando prefere falar em "bondade" ou em "homem bom". Cumpre ainda acrescentar que essa cordialidade, estranha, por um lado, a todo formalismo e convencionalismo social, não abrange, por outro, apenas e obrigatoriamente, sentimentos positivos e de concórdia. A inimizade bem pode ser tão cordial como a amizade, nisto que uma e outra nascem do coração, procedem, assim, da esfera do íntimo, do familiar, do privado. Pertencem, efetivamente, para recorrer a termo consagrado pela moderna sociologia, ao domínio dos "grupos primários", cuja unidade, segundo observa o próprio elaborador do conceito, "não é somente de harmonia e amor". A amizade, desde que abandona o âmbito circunscrito pelos sentimentos privados ou íntimos, passa a ser, quando muito, benevolência, posto que a imprecisão vocabular admita maior extensão do conceito. Assim como a inimizade, sendo pública ou política, não cordial, se chamará mais precisamente hostilidade. A distinção entre inimizade e hostilidade, formulou-a de modo claro Carl Schmitt recorrendo ao léxico latino: "Hostis is est cum quo publice bellum habemus [...] in quo ab inimico diefferi, qui est is, quocum habemus privata odia...". Carl Schmitt, *Der Begriff des Politischen*, Hamburgo, s. d. [1933], p. 11, n.

damentos e em sentenças. Entre os japoneses, onde, como se sabe, a polidez envolve os aspectos mais ordinários do convívio social, chega a ponto de confundir-se, por vezes, com a reverência religiosa. Já houve quem notasse este fato significativo, de que as formas exteriores de veneração à divindade, no cerimonial xintoísta, não diferem essencialmente das maneiras sociais de demonstrar respeito.

Nenhum povo está mais distante dessa noção ritualista da vida do que o brasileiro. Nossa forma ordinária de convívio social é, no fundo, justamente o contrário da polidez. Ela pode iludir na aparência — e isso se explica pelo fato de a atitude polida consistir precisamente em uma espécie de mímica deliberada de manifestações que são espontâneas no "homem cordial": é a forma natural e viva que se converteu em fórmula. Além disso a polidez é, de algum modo, organização de defesa ante a sociedade. Detém-se na parte exterior, epidérmica do indivíduo, podendo mesmo servir, quando necessário, de peça de resistência. Equivale a um disfarce que permitirá a cada qual preservar intactas sua sensibilidade e suas emoções.

Por meio de semelhante padronização das formas exteriores da cordialidade, que não precisam ser legítimas para se manifestarem, revela-se um decisivo triunfo do espirito sobre a vida. Armado dessa máscara, o indivíduo consegue manter sua supremacia ante o social. E, efetivamente, a polidez implica uma presença contínua e soberana do indivíduo.

No "homem cordial", a vida em sociedade é, de certo modo, uma verdadeira libertação do pavor que ele sente em viver consigo mesmo, em apoiar-se sobre si próprio em todas as circunstâncias da existência. Sua maneira de expansão para com os outros reduz o indivíduo, cada vez mais, à parcela social, periférica, que no brasileiro — como bom americano — tende a ser a que mais importa. Ela é antes um viver nos outros. Foi a esse tipo humano que se dirigiu Nietzsche, quando disse: "Vosso mau amor de vós mesmos vos faz do isolamento um cativeiro".[7]

Nada mais significativo dessa aversão ao ritualismo social, que exige, por vezes, uma personalidade fortemente homogênea e equilibrada em todas as suas partes, do que a dificuldade em que se sentem, geralmente, os brasileiros, de uma reverência prolongada ante um superior. Nosso temperamento admite fórmulas de reverência, e até de bom grado, mas quase somente enquanto não suprimam de todo a possibilidade de convívio mais familiar. A manifestação normal do respeito em outros povos tem aqui sua réplica,

7 Friedrich Nietzsche, *Werke*, Alfred Köner, IV, Leipzig, s.d., p. 65.

em regra geral, no desejo de estabelecer intimidade. E isso é tanto mais específico, quanto se sabe do apego frequente dos portugueses, tão próximos de nós em tantos aspectos, aos títulos e sinais de reverência.

No domínio da linguística, para citar um exemplo, esse modo de ser parece refletir-se em nosso pendor acentuado para o emprego dos diminutivos. A terminação "inho", aposta às palavras, serve para nos familiarizar mais com as pessoas ou os objetos e, ao mesmo tempo, para lhes dar relevo. É a maneira de fazê-los mais acessíveis aos sentidos e também de aproximá-los do coração. Sabemos como é frequente, entre portugueses, o zombarem de certos abusos desse nosso apego aos diminutivos, abusos tão ridículos para eles quanto o é para nós, muitas vezes, a pieguice lusitana, lacrimosa e amarga[8]. Um estudo atento das

8 O mesmo apego aos diminutivos foi notado por folcloristas, gramáticos e dialetólogos em terras de língua espanhola, especialmente da América, e até em várias regiões da Espanha (Andaluzia, Salamanca, Aragão...). Com razão observa Amado Alonso que a abundância de testemunhos semelhantes e relativos às zonas mais distintas prejudica o intento de se interpretar o abuso de diminutivos como particularismo de cada uma. Resta admitir, contudo, que esse abuso seja um traço do regional, da linguagem das regiões enquanto oposta à geral. E como a oposição é maior nos campos do que nas cidades, o diminutivo representaria sobretudo um traço da fala rural. "A profusão destas formas", diz Alonso, "denuncia um caráter cultural, uma forma socialmente plasmada de comportamento nas relações coloquiais, que é a reiterada manifestação do tom amistoso em quem fal e sua petição de reciprocidade. Os ambientes

nossas formas sintáxicas traria, sem dúvida, revelações preciosas a esse respeito.

À mesma ordem de manifestações pertence certamente a tendência para a omissão do nome de família no tratamento social. Em regra é o nome individual, de batismo, que prevalece. Essa tendência, que entre portugueses resulta de uma tradição com velhas raízes — como se sabe, os nomes de família só entram a predominar na Europa cristã e medieval a partir do século XII —, acentuou-se estranhamente entre nós. Seria talvez plausível relacionar tal fato à sugestão de que o uso do simples prenome importa em abolir psicologicamente as barreiras determinadas pelo fato de

ruraris e dialetaria que criaram e cultivam essas maneiras sociais costumam ser avessos aos tipos de relações interpessoais mais disciplinadas das cidades ou das classes cultas, porque os julgam mais convencionais e mais insinceros e inexpressivos do que os seus." Cf. Amando Alonso, "Noción, emoción, acción y fantasia en los diminutivos", *Volkstum und Kultur der Romanen, VIII*, 1º, Hamburgo, 1935, pp. 117-8.
No Brasil, onde esse traço persiste, mesmo nos meios mais fortemente atingidos pela urbanização progressiva, sua presença pode denotar uma lembrança e um survival, entre tantos outros, dos estilos de convivência humana plasmados pelo ambiente rural e patriarcal, cuja marca o cosmopolitismo dos nossos dias ainda não conseguiu apagar. Pode-se dizer que é um traço nítido da atitude "cordial", indiferente ou, de algum modo, oposta às regras chamadas, e não por acaso, de civilidade e urbaniadde. Uma tentativa de estudo da influência exercida sobre nossas formas sintáxicas por motivos psicológicos semelhantes encontra-se em João Ribeiro, *Língua nacional,* São Paulo, 1933, p.11.

existirem famílias diferentes e independentes umas das outras. Corresponde à atitude natural aos grupos humanos que, aceitando de bom grado uma disciplina da simpatia, da "concórdia", repelem as do raciocínio abstrato ou que não tenham como fundamento, para empregar a terminologia de Tônnies, as comunidades de sangue, de lugar ou de espírito."[9]

O desconhecimento de qualquer forma de convívio que não seja ditada por uma ética de fundo emotivo representa um aspecto da vida brasileira que raros estrangeiros chegam a penetrar com facilidade. E é tão característica, entre nós, essa maneira de ser, que não desaparece sequer nos tipos de atividade que devem alimentar-se normalmente da concorrência. Um negociante de Filadélfia manifestou certa vez a André Siegfried seu espanto ao verificar que, no Brasil como na Argentina, para conquistar um freguês tinha necessidade de fazer dele um amigo.[10]

Nosso velho catolicismo, tão característico, que permite tratar os santos com uma intimidade quase desrespeitosa e que deve parecer estranho às almas verdadeiramente religiosas, provém ainda dos mesmos motivos. A popularidade, entre nós, de uma san-

9 Ou sejam as categorias: 1) de parentesco; 2) de vizinhança; 3) de amizade.
10 André Siegfried, *Amérique Latine*, Paris, 1934, p. 148.

ta Teresa de Lisieux — santa Teresinha — resulta muito do caráter intimista que pode adquirir seu culto, culto amável e quase fraterno, que se acomoda mal às cerimônias e suprime as distâncias. É o que também ocorreu com o nosso Menino Jesus, companheiro de brinquedo das crianças e que faz pensar menos no Jesus dos evangelhos canônicos do que no de certos apócrifos, principalmente as diversas redações do Evangelho da Infância. Os que assistiram às festas do Senhor Bom Jesus de Pirapora, em São Paulo, conhecem a história do Cristo que desce do altar para sambar com o povo.

Essa forma de culto, que tem antecedentes na península Ibérica, também aparece na Europa medieval e justamente com a decadência da religião palaciana, superindividual, em que a vontade comum se manifesta na edificação dos grandiosos monumentos góticos. Transposto esse período — afirma um historiador — surge um sentimento religioso mais humano e singelo. Cada casa quer ter sua capela própria, onde os moradores se ajoelham ante o padroeiro e protetor. Cristo, Nossa Senhora e os santos já não aparecem como entes privilegiados e eximidos de qualquer sentimento humano. Todos, fidalgos e plebeus, querem estar em intimidade com as sagradas criaturas e o próprio Deus é um amigo familiar, doméstico e próximo — o oposto do Deus "palaciano", a quem o cavaleiro, de joelhos, vai prestar sua homenagem, como a um senhor feudal.[11]

O que representa semelhante atitude é uma transposição característica para o domínio do religioso desse horror às distâncias que parece constituir, ao menos até agora, o traço mais específico do espírito brasileiro. Note-se que ainda aqui nós nos comportamos de modo perfeitamente contrário à atitude já assinalada entre japoneses, onde o ritualismo invade o terreno da conduta social para dar-lhe mais rigor. No Brasil é precisamente o rigorismo do rito que se afrouxa e se humaniza.

Essa aversão ao ritualismo conjuga-se mal — como é fácil imaginar — com um sentimento religioso verdadeiramente profundo e consciente. Newman, em um dos seus sermões anglicanos, exprimia a "firme convicção" de que a nação inglesa lucraria se sua religião fosse mais supersticiosa, *more bigoted*, se estivesse mais acessível à influência popular, se falasse mais diretamente às imaginações e aos corações. No Brasil, ao contrário, foi justamente o nosso culto sem obrigações e sem rigor, intimista e familiar, a que se

11 Prof. Dr. Alfred von Martin, "Kultursoziologie des Mittelalters", *Handwörterbuch der Soziologie*, Stuttgart, 1931, p. 383.

poderia chamar, com alguma impropriedade, "democrático", um culto que dispensava no fiel todo esforço, toda diligência, toda tirania sobre si mesmo, o que corrompeu, pela base, o nosso sentimento religioso. É significativo que, ao tempo da famosa questão eclesiástica, no Império, uma luta furiosa, que durante largo tempo abalou o país, se tenha travado principalmente porque d. Vital de Oliveira se obstinava em não abandonar seu "excesso de zelo". E o mais singular é que, entre os acusadores do bispo de Olinda, por uma intransigência que lhes parecia imperdoável e criminosa, figurassem não poucos católicos, ou que se imaginavam sinceramente católicos.

A uma religiosidade de superfície, menos atenta ao sentido íntimo das cerimônias do que ao colorido e à pompa exterior, quase carnal em seu apego ao concreto e em sua rancorosa incompreensão de toda verdadeira espiritualidade; transigente, por isso mesmo que pronta a acordos, ninguém pediria, certamente, que se elevasse a produzir qualquer moral social poderosa. Religiosidade que se perdia e se confundia num mundo sem forma e que, por isso mesmo, não tinha forças para lhe impor sua ordem. Assim, nenhuma elaboração política seria possível senão fora dela, fora de um culto que só apelava para os sentimentos e os sentidos e quase nunca para a razão e a vontade.

Não admira, pois, que nossa República tenha sido feita pelos positivistas, ou agnósticos, e nossa Independência fosse obra de maçons. A estes se entregou com tanta publicidade nosso primeiro imperador, que o fato chegaria a alarmar o próprio príncipe de Metternich, pelos perigosos exemplos que encerrava sua atitude.

A pouca devoção dos brasileiros e até das brasileiras é coisa que se impõe aos olhos de todos os viajantes estrangeiros, desde os tempos do padre Fernão Cardim, que dizia das pernambucanas quinhentistas serem "muito senhoras e não muito devotas, nem freqiientarem missas, pregações, confissões etc.".[12] Auguste de Saint-Hilaire, que visitou a cidade de São Paulo pela semana santa de 1822, conta-nos como lhe doía a pouca atenção dos fiéis durante os serviços religiosos. "Ninguém se compenetra do espírito das solenidades", observa. "Os homens mais distintos delas participam apenas por hábito, e o povo comparece como se fosse a um folguedo. No ofício de Endoenças, a maioria dos presentes recebeu a comunhão da mão do bispo. Olhavam à direita e à esquerda, conversavam antes desse momento solene e recomeçavam a conversar logo depois." As ruas, acrescenta pouco

12 Fernando Cardim, *Tratados da terra e gente do Brasil*, Rio de Janeiro, 1925, p. 334.

adiante, "viviam apinhadas de gente, que corria de igreja a igreja, mas somente para vê-las, sem o menor sinal de fervor".[13]

Em verdade, muito pouco se poderia esperar de uma devoção que, como essa, quer ser continuamente sazonada por condimentos fortes e que, para ferir as almas, há de ferir primeiramente os olhos e os ouvidos. "Em meio do ruído e da mixórdia, da jovialidade e da ostentação que caracterizam todas essas celebrações *gloriosas, pomposas, esplendorosas*", nota o pastor Kidder, "quem deseje encontrar, já não digo estímulo, mas ao menos lugar para um culto mais espiritual, precisará ser singularmente fervoroso."[14] Outro visitante, de meados do século passado, manifesta profundas dúvidas sobre a possibilidade de se implantarem algum dia, no Brasil, formas mais rigoristas de culto. Conta-se que os próprios protestantes logo degeneram aqui, exclama. E acrescenta: "É que o clima não favorece a severidade das seitas nórdicas. O austero metodismo ou o puritanismo jamais florescerão nos trópicos".[15]

13 Auguste de Saint-Hilaire, *Voyage au Rio Grande do Sul*, Orléans, 1887, p. 587.
14 Reverendo Daniel P. Kidder, *Sketches of residence and travels in Brazil*, I, Londres, 1845, p. 157.
15 Thomas Ewbank, *Life in Brazil or a Journal of a visti to the land of the cocoa and the palm*, Nova York, 1856, p. 239.

A exaltação dos valores cordiais e das formas concretas e sensíveis da religião, que no catolicismo tridentino parecem representar uma exigência do esforço de reconquista espiritual e da propaganda da fé perante a ofensiva da Reforma, encontraram entre nós um terreno de eleição e acomodaram-se bem a outros aspectos típicos de nosso comportamento social. Em particular a nossa aversão ao ritualismo é explicável, até certo ponto, nesta "terra remissa e algo melancólica", de que falavam os primeiros observadores europeus, por isto que, no fundo, o ritualismo não nos é necessário. Normalmente nossa reação ao meio em que vivemos não é uma reação de defesa. A vida íntima do brasileiro nem é bastante coesa, nem bastante disciplinada, para envolver e dominar toda a sua personalidade, integrando-a, como peça consciente, no conjunto social. Ele é livre, pois, para se abandonar a todo o repertório de ideias, gestos e formas que encontre em seu caminho, assimilando-os frequentemente sem maiores dificuldades.

UM MITO LUSO-BRASILEIRO

Pode-se, quando muito, apontar um mito da conquista cuja difusão no continente esteve a cargo de portugueses e, em contraste com os demais, foi do Brasil que se expandiu para o Paraguai, o Peru e o Prata. De qualquer forma, já era imemorial nas partes do extremo oriente, quando atingidas pelas naus de Vasco da Gama e seus sucessores lusitanos, a lenda que associa os cristãos da Índia, ramo dos nestorianos, à prédica de São Tomé. Dessa conexão já há notícia em escrito de Gregório de Tours, no século VI, e a fama daquelas comunidades cristãs do Oriente, os "cristãos de São Tomé", como de ordinário se chamam, chegou desde cedo à própria Inglaterra, se exato, que o Rei Alfredo lhes mandou em embaixada, com muitos presentes, no ano de 883, o Bispo Sigelmus de Sheborne. Também na Alemanha dizia-se de Henrique de Morungen, o Minnesinger, nascido por volta de 1150, que teria ido à Índia para visitar a cidade de São Tomé, de onde levara de volta relíquias que ainda em 1899, segundo informação do Professor Hermann Menhardt, se encontrariam no mosteiro de Leipzig dedicado ao apóstolo.[1]

De outras relíquias atribuídas a São Tomé sabe-se que já no século III tinham ido para Edessa, de onde seriam mandadas em 1144 a Quios e em 1258 a Ortona, Itália. Aberta em 1523 sua pretensa sepultura de Mèliapor, nela se acharam ossos decompostos, um vaso de terra ensanguentada e um ferro de lança. Enviados alguns desses restos a Cochim, Goa e Basrein, ficaram em Mèliapor ou São Tomé, a Madrasta atual, um fragmento de costela e o ferro de lança. Da devoção do apóstolo na Índia, ao tempo da conquista portuguesa, dá larga notícia São Francisco Xavier. Em uma das suas cartas a Santo Inácio, refere que Martim Afonso de Sousa lhe mandara interceder junto ao Pontífice, por intermédio do fundador da Companhia, para que fosse concedida indulgência plenária em seu dia e nas oitavas a todos os que então comungassem, e aos que não confessassem e comungassem não lhes fossem dadas. "Y a esto se mueve el señor Gubernador por amor que la gente se confiesse y comulgue."[2] Pouco faltaria, em verdade, para que não apenas na

<hr>

1 Richard IENNIG, *Terrae Incognitae*, II, págs. 47 e segs., 204 e segs., 286 e segs., e 382.
2 San Francisco Javier, *Cartas y Escritos*, págs. 102 e segs.

Índia, mas em todo o mundo colonial português, essa devoção tomasse um pouco o lugar que na metrópole e na Espanha em geral, como em todo o Ocidente europeu, durante a Idade Média e mais tarde, tivera o culto bélico de outro companheiro e discípulo de Jesus, cujo corpo se julgava sepultado em Compostela.

Não foi certamente novidade, para os portugueses quinhentistas, a lenda da pregação de São Tomé Apóstolo na Índia, já largamente divulgada e mesmo canonizada, ou a da existência ali de seu verdadeiro sepulcro, mencionado em numerosas relações medievais do Oriente, como as de Marco Polo e Montecorvino, sem falar na famosa carta do Preste João. O que os poderia ter surpreendido ao desembarcarem naquela costa era a extensão do culto, que lhe devotavam inúmeras pessoas desde Bombaim até Madrasta, abrangendo o Ceilão, e ainda nas "colônias" de cristãos de São Tomé que iam até o Mar da China.

A própria devoção a suas relíquias, em particular a certos pelourinhos de barro tomado ao seu pretenso túmulo, e que sempre levavam consigo os fiéis, assim como os mouros e gentios, era bastante generalizada quando lá chegaram eles. Nem são de sua invenção as notícias das pegadas deixadas pelo santo em várias partes do Oriente, e que depois acabariam por ser vistas também no Novo Mundo.

Da origem de tais notícias, uma das mais acreditadas versões é a que aparece no Livro de Duarte Barbosa. Conta este escritor, fundado na tradição oral dos cristãos de Coulão, que São Tomé, quando de lá partiu perseguido dos gentios, fora ter à cidade de Mèliapor, então muito grande e formosa, de dez ou mais léguas de comprido e arredada do mar, que depois comeu a terra entrando por ela adentro. Principiando o apóstolo a anunciar a fé cristã, conseguiu converter alguns moradores, pelo que outros trataram de o perseguir, querendo matá-lo. Ante essas ameaças, meteu-se Tomé algumas vezes nos montes, e certo dia, andando naqueles lugares um caçador com seu arco, viu estar grande soma de pavões reunidos, e no meio deles um, que aos mais se avantajara em tamanho e formosura, pousado numa laje. Não hesitou o caçador em alvejá-lo, e com uma flecha o atravessou, fazendo com que todos alçassem vôo e o que fora atingido se tornou, em pleno ar, num corpo de homem. O caçador esteve a olhá-lo muito admirado, até que o viu cair ao solo, e então se foi, caminho da cidade, a dizer o milagre.

Informado do sucedido, logo saiu o governador com outras pessoas para o sítio onde ocorrera a cena, e ali chegando, guiado pelo caçador, achou morto o bem-aventurado São Tomé. Dirigiram-se também ao lugar onde tinha sido ele ferido e acharam na laje duas pegadas "muy figuradas no meio dela", deixadas pelo pavão quando, já alcançado pela flecha, ia alçar vôo. Quando conheceram tamanha maravilha, puseram-se todos a dizer: "verdadeiramente era santo este homem e nós não o acreditávamos".

Cuidaram, em seguida, de o levar para a igreja, onde ficou desde então soterrado. Conduziram também à mesma igreja a pedra das pegadas, que puseram ao pé da cova. Se cobriam, no entanto, o corpo, ao outro dia, quando lá chegavam, estava fora, e assim o deixaram ficar longo tempo. Os gentios tinham-no por santo e faziam-lhe muita honra. Ia gente de toda parte em romaria, e como lá fossem ter certos chins, pretenderam cortar-lhe o braço a fim de levá-lo como relíquia a sua terra. No momento, porém, em que lhe iam dar com a espada, o bem-aventurado São Tomé encolheu o braço para dentro da cova e nunca mais o feriram. Assim continuou o jazer o corpo naquela igreja que fabricaram muito pobremente seus companheiros e discípulos. Tanto os mouros como os cristãos alumiavam o templo, dizendo, uns e outros, que era coisa sua.

A igreja assemelhava-se às outras dos cristãos, trazendo cruzes no altar e em cima da abóbada. Tinha uma grade de madeira e, por divisa, muitos pavões. Quando lá chegaram os portugueses, estava, porém, bastante danificada, e todo o circuito cheio de mato. Encarregava-se de sua guarda um mouro, que para isso pedia esmolas, conservando uma lâmpada acesa todas as noites[3].

Pode dar-se ideia de celeridade com que se difundiu a lenda do apostolado-de São Tomé nas Índias, e não apenas nas Índias Orientais, lembrando como, em 1516, quando Barbosa acabou de escrever seu livro, já se falava em sua estada na costa do Brasil. A primeira versão conhecida dessa presença do discípulo de Jesus em terras americanas encontra-se, com efeito, na chamada Nova Gazeta Alemã, referente, segundo se sabe hoje, à viagem de um dos navios armados por Dom Nuno Manuel, Cristóvão de Haro e outros, que a 12 de outubro de 1514 aportava, já de torna-viagem, à Ilha da Madeira.

Dos dados que o autor da Gazeta pôde recolher a bordo e mandar em seguida a um amigo de Antuérpia,

3 "Livro de Duarte Barbosa", Collecção de Notícias para a História e Geographia das Nações Ultramarinas que vivem nos Domínios Portugueses, publicada pela Academia Real de Ciências, II, 2: edição, págs. 354 e segs. Outra versão da morte do apóstolo, publicada por Lucena, pretende que teria sido ele atravessado com uma lança na ocasião em que fazia suas preces, perto de Mèliapor, por onde melhor se explicaria o ferro de lança que se encontrou depois na cova. Fala-se também na existência ali, ao tempo da missão de São Francisco Xavier, de uma fonte, junto à pedra com os rastros. Em 1546, construiu-se nova igreja, no lugar da primitiva, e em 1579 foi ela doada à Companhia. Cf. San Francisco Javier, *Cartas* etc. pág. 197,n.

constava a existência naquela costa de uma gente de muito boa e livre condição, gente sem lei, nem rei, a não ser que honram entre si aos velhos. Contudo, até aquelas paragens tinha chegado a pregação evangélica e dela se guardava memória entre os naturais. "Eles têm recordação de São Tomé", diz o texto. E adianta: "Quiseram mostrar aos portugueses as pegadas de São Tomé no interior do país. Indicam também que têm cruzes pela terra adentro. E quando falam de São Tomé, chamam-lhe o Deus pequeno, mas que havia outro Deus maior". "No país chamam frequentemente a seus filhos Tomé."[4]

A presunção, originária das velhas concepções colombinas, e que a cartografia contemporânea nem sempre se mostrara solícita em desfazer, de uma ligação por terra entre o Novo Continente e a Ásia, facilitava grandemente essa ideia de que à América e ao Brasil, particularmente, se estendera a pregação de São Tomé Apóstolo. Na própria Gazeta acha-se refletida essa ideia, onde se lê que o piloto da nau portadora das notícias, presumivelmente o célebre João de Lisboa, já afeito à carreira da Índia, não acreditava achar-se o cabo e terra do Brasil a mais de seiscentas milhas de Malaca, e pensava até que em pouco tempo, e com

4 Clemente BRANDENBURGER, *A Nova Gaseta da Terra do Brasil*, págs. 37 e segs.

grande vantagem para el-rei de Portugal, se poderia navegar do Reino até aquelas partes. "Achou também que a terra do Brasil continua, dobrando, até Malaca." E presume o autor que esse fato favorece a crença na vinda do apóstolo a estas partes. "É bem crível", diz, "que tenham lembrança de São Tomé, pois é sabido que está corporalmente por trás de Malaca: jaz na Costa de Siramath, no Golfo de Ceilão."

O crédito universal do motivo da impressão dos pés humanos, a que provavelmente não seriam alheios os nossos índios, a julgar pelos testemunhos de numerosos cronistas, dava ainda mais corpo à ideia. Aos europeus recém-vindos tratavam logo os naturais de mostrar essas impressões, encontradas em várias partes da costa. Simão de Vasconcelos, por exemplo, refere-nos como as viu em cinco lugares diferentes: para o norte de São Vicente; em Itapoã, fora da barra da Baía de Todos os Santos; na praia do Toqué Toqué, dentro da mesma barra; em Itajuru, perto de Cabo Frio, e na altura da cidade de Paraíba, a sete graus da parte do sul, para o sertão. Neste último lugar, em um penedo solitário, achavam-se duas pegadas de um homem maior e outras duas menores, de onde tirou o jesuíta que não andaria só o apóstolo e reporta-se, aqui, a São João Crisóstomo tanto quanto ao Doutor Angélico, segundo os quais se fazia ele acompanhar, em geral, de outro discípulo de Cristo: "as segundas pegadas menores", escreve, "devem ser deste".[5]

Por sua vez, Frei Jaboatão, dos Frades Menores, diz que no lugar do Grojaú de Baixo, sete léguas distante do Recife de Pernambuco, vira gravada a estampa de um pé, e era o esquerdo, "tão admiravelmente impresso, que à maneira de sinete em líquida cera, entrando com violência pela pedra, faz avultar as fímbrias da pegada, arregoar a pedra e dividir os dedos, ficando todo o circuito do pé a modo que se levanta mais alto que a dita pedra sobre que está impressa a pegada"[6]. Admite que sem embargo de atribuir-lhe a fama do vulgo a São Tomé, seria antes de um menino que andasse em sua companhia, porventura seu anjo da guarda. E a causa da suspeita estava na pequenez da impressão, que mostrava ser de um menino de cinco anos, com pouca diferença.

A uma das pegadas mostradas na Bahia, de que dá conta Vasconcelos, referiu-se provavelmente o Padre Manuel da Nóbrega, onde escreveu, em carta de 1549, que "sus pisadas están senaladas cabo a un rio, las quales yo fuy a ver por más certeza de la verdad, y vi

---

5 Simão de VASCONCELOS, *Crônica da Companhia de Jesus do Estado do Brasil*, 1, págs. ClL e segs.
6 Frei Antônio de Santa Maria JABOATÃO, *Novo Orbe Seráfico Brasílico*, II, pág. 29.

con los proprios ojos quatro pisadas muy senaladas con sus dedos, las quales algunas vezes cubre el rio quando hinche". Segundo os índios, quando o santo deixou aquelas pisadas, ia fugindo dos índios que o queriam flechar, e lá chegando, abriu-se o rio à sua passagem, e ele caminhou por seu leito a pé enxuto, até chegar à outra parte, de onde foi à Índia. Contavam, além disso, que, querendo os gentios flechá-lo, voltavam-se as setas contra eles mesmos, e os matos se abriam, deixando lugar a uma vereda, por onde seguia São Tomé sem estorvo".[7]

O caso das flechas que se tornavam sobre si, atingindo os próprios atiradores, chegou a impressionar um moderno etnólogo, ao ponto de levá-lo a ver nele o indício de alguma arma do tipo do bumerangue, que tivesse existido outrora entre os Tupi da costa[8]. A versão de Vasconcelos precisa, por outro lado, que, perseguido dos índios, a tanto induzidos pelos seus feiticeiros ou pelo inimigo do gênero humano, o apóstolo fizera caminho por um monte tão íngreme que era impossível acompanhá-los e que, chegando ao lado oposto, com o circuito com que o buscaram, lhe

---

7 Simão de VASCONCELOS, *Crônica da Companhia de Jesus do Estado do Brasil*, 1, págs. CII e segs. Cf. também Padre Manuel da NÓBREGA, Cartas do Brasil, págs. 50 e 66.
8 Francisco S. G. SCILADEN, "O Mito do Sumé", *Sociologia*, S. Paulo, VI, pág. 136.

deram tempo de fugir, e o viram ir pelo mar, deixando frustrados os seus intentos.

O que no Oriente se dera, segundo algumas notícias, onde consta que junto ao lendário sepulcro do apóstolo em Mèliapor, no lugar onde foi posta a laje com as pisadas, chegara a manar uma fonte, também teria ocorrido no Brasil. Aqui, e em certas partes da América habitadas dos espanhóis, os rastros de pés humanos impressos em rochas, e atribuídos ao apóstolo das Índias, eram associados não só à presença de cruzes, como ainda de fontes, conforme o testemunho de Jaboatão"[9]. De uma destas fontes tratara Vasconcelos, e estaria no Toqué Toqué, dentro da barra da Bahia, a poucos passos do rochedo das pegadas e na raiz do próprio monte onde, segundo tradição do gentio, descera o santo seguido dos inimigos. Dela corria água doce e perenemente fresca.

Essa fonte chamava-a, ali, o vulgo, de São Tomé milagrosa, e eram várias as razões desse nome. Uns diziam que aparecera milagrosamente entre a pedra viva, assim como a de Moisés arrebentara do deserto. Outros cuidavam que nasceu do simples toque do pé do santo, de onde o nome de Toqué Toqué, guardado pelo lugar. Havia ainda os que notavam o fato de con-

9 Frei Antônio de Santa Maria JABOATÃO, *Novo Orbe Seráfico*, II, pág. 29.

servar constantemente o mesmo teor de água, sem que esta redundasse nas invernadas ou faltasse nas secas, como de ordinário acontece a outras fontes. Alguns, finalmente, pretendiam que suas águas faziam curas milagrosas, extinguindo toda espécie de enfermidades.

Outro fato, que parecia aproximar a devoção de São Tomé no Brasil e no Oriente, relaciona-se ao culto das relíquias. Segundo alguns escritores, assim os cristãos como os muçulmanos e gentios, tinham na Ásia o costume de trazer pendentes do pescoço pequenos pelouros feitos do barro da sepultura do apóstolo. Aqui, segundo parece, generalizara-se o uso, entre os mais devotos, de rasparem a parte da rocha onde ficara a impressão das pisadas para consigo levarem as raspas em relicários. Foi, em parte, a esse hábito que, segundo o autor da Crônica da Companhia, se deveu o desgaste das ditas rochas, até o paulatino desaparecimento das pegadas que já nos meados do século XVII eram invisíveis, posto que a lembrança delas ainda a guardassem os antigos. Além disso era sua existência atestada em certas cartas de doação, onde se lia, por exemplo: "Concedo uma data de terra sita nas pegadas de São Tomé, tanto para tal parte, tanto para outra [...]"[10].

10 Simão de VASCONCELOS, *Crônica da Companhia de Jesus do Estado do Brasil*, I, pág. CVI.

A relação dos milagres do apóstolo, aqui como na Índia, não fica, porém, nisso, e sua notícia não nos chegou unicamente através dos padres missionários. Ao próprio Anthony Knivet, tido por herege, que em certo lugar chamado Itaoca ouvira dos naturais ter sido ali o lugar onde pregara São Tomé, mostraram perto do mesmo sítio um imenso rochedo, que em vez de se sustentar diretamente sobre o solo, estava apoiado em quatro pedras, pouco maiores, cada uma, do que um dedo. Disseram-lhe os índios que aquilo fora milagre e que a rocha era, de fato, uma peça de madeira petrificada. Disseram mais, que o apóstolo falava aos peixes e destes era ouvido. Para a parte do mar encontravam-se ainda lajedos, onde o inglês pudera distinguir pessoalmente grande número de marcas de pés humanos, todos de igual tamanho"[11].

Parece de qualquer modo evidente que muitos pormenores dessa espécie de hagiografia do São Tomé brasileiro se deveram sobretudo à colaboração dos missionários católicos, de modo que se incrustaram, afinal, tradições cristãs em crenças originárias dos primitivos moradores da terra. Que a presença das pegadas nas pedras se tivesse associado, entre estes, e já antes do advento do homem branco, à passagem de

11 Anthony KNIVET, "The admirable adventures and strange fortunes of Master...", *Purchas His Pilgrimes*, XVI, pág. 227.

algum herói civilizador, é admissível quando se tenha em conta a circunstância de semelhante associação de achar disseminada entre inúmeras populações primitivas, em todos os lugares do mundo. E é de compreender-se, por outro lado, que entre missionários e catequistas essa tendência pudesse amparar o esforço de conversão do gentio à religião cristã.

Não admira, pois, se a legenda "alapego de sam paulo", que numa das mais antigas representações cartográficas do continente sul-americano, a de Caverio, aparentemente de 1502, se acha colocada em lugar aproximadamente correspondente à boca do Rio Macaé, no atual Estado do Rio de Janeiro e que, em 1507, Waldseemüller chega a converter em "pagus S. Paulli", originando a hipótese de que se acharia ali o mais antigo povoado europeu no Brasil, levasse pelo menos um estudioso e historiador à ideia de que a outro apóstolo cristão, além de São Tomé, se associassem as impressões de pés humanos, encontradas em pedras através de várias partes do Brasil e ligadas pelos índios à lembrança ancestral de algum personagem adventício que, ao lado de revelações sobrenaturais, lhes tivesse comunicado misteres mais comezinhos, tais como o plantio, por exemplo, e a utilização da mandioca[12], Es-

12 Rodolpho CHÚLLER, "A Nova Gazeta da Terra do Brasil", *ABN*, XXXIII, pág. 143.

sas especulações foram reduzidas a seus verdadeiros limites, desde que Duarte Leite, aparentemente com bons motivos, explicou como a discutida palavra "alapego" não passaria de simples corrupção de "arquipélago", alusivo à pequena Ilha de Sant'Ana, em frente à foz do Macaé e a algumas ilhotas circunvizinhas".[13]

Em realidade a identificação de rastros semelhantes no extremo oriente, que os budistas do Cambodge atribuíam a Gautama, o seu "preah put", como lhe chamam, e os cristãos a São Tomé, de onde o dizerem vários cronistas que uns c outros os tinham por coisa sua, não deveria requerer excessiva imaginação de parte das almas naturalmente piedosas no século XVI. A prova está em que, ainda em 1791, missionários franceses do Cambodge se deixarão impressionar também pela possibilidade da mesma aproximação. Em carta daquela data, escrita por Henri Langenois, um desses missionários, encontra-se, por exemplo, o seguinte trecho, bem ilustrativo: "Há alguns anos, nosso chefe Capo de Orta, tendo ido a Ongcor vat, pérto do sítio onde estamos, mais para o norte, disse-

13 Duarte LEITE, "A Exploração do Litoral do Brasil na Cartographia da Primeira Década do Século XVI", HCP, págs. 429 e 433. Já em 1902, entretanto, segundo me assinalou o Prof. Eurípedes Simões de Paula, Orvile Derby traduzira por "arquipélago" a expressão "alapego" da carta de Caverio, admitindo ainda que "sam paulo" estaria ali por um lapso, no lugar de "los pargos". Cf. Orville À. Derby, "Os mapas mais antigos do Brasil", *RIHSP*, VII, pág. 247.

-lhe o grande bonzo: Cristão, vês essa estátua de um homem prosternado em frente ao nosso preah put (é o nome de seu falso deus)? Chama-se Chimé. Que significa aquela marca de uma planta de pé impressa em suas costas? Foi por não querer reconhecer a adorar a divindade de nosso preah put, que a tanto o forçou esse pontapé. Ora, como se afirma que São Tomé Dídimo passou para a China através do Ongcor, não estaria aqui a história de suas dúvidas sobre a Ressurreição e, depois, da adoração de Nosso Senhor Jesus Cristo?"[14]

Sumé no Brasil; Chimé em Angcor, nomes que aparecem relacionados, um e outro, a impressões de pegadas humanas, que tanto no Oriente, como aqui, se associavam, por sua vez, às notícias do aparecimento em remotas eras de algum mensageiro de verdades sobrenaturais, essas coincidências podem parecer deveras impressionantes. Não seria difícil, pelo menos na órbita da espiritualidade medieval e quinhentista, sua assimilação à lembrança de um São Tomé apóstolo, que os autores mais reputados pretendiam ter ido levar às partes da Índia a luz do Evangelho cristão. Não só as pisadas atribuídas ao santo, mas tudo quanto parecesse assinalar sua visita e pregação aos índios

---

14 Bernard F. GROSLIER, *Angkor et le Cambodge au XVE Siccle*, pág. 135.

da terra. Em Itajuru, perto de Cabo Frio, existiu outrora um penedo grande, amolgado de várias bordoadas, sete ou oito para cima, como se o mesmo bordão dera com força em branda cera, por serem iguais as marcas, e os naturais do lugar faziam crer que viriam do bordão de Sumé, ou São Tomé, quando o gentio resistia à sua doutrina: assim quisera mostrar como, se os mesmos penedos se deixavam penetrar da palavra de Deus, seus corações eram mais duros do que as mais duras penhas.

E assim como os bens do espírito são muitas vezes inseparáveis dos corporais, que representam como o sinal visível de sua milagrosa eficácia, seria de esperar que, fruto, eles próprios, de um mistério sobre-humano, esses sinais de São Tomé ainda fossem, por acréscimo, causa de curas prodigiosas. Aqui, em geral, como no Oriente, essa força terapêutica associava-se, aliás, menos às pegadas do santo do que às águas nascidas delas. O caso, por exemplo, da fonte do Toqué Toqué, na Bahia, que servia para todas as doenças. E o mesmo Vasconcelos, que fala das bordoadas do Itajuru, também nos refere como, perto daquele penedo, havia uma extraordinária fonte, de águas vermelhas, medicinais, especialmente contra o mal-de-pedra[15].

15 Simão de VASCONCELOS, *Crônica da Companhia de Jesus do Estado do Brasil*, 1, pág. CII.

Contudo, as próprias raspas das lajes marcadas pelos pés do santo, que muitos traziam penduradas ao pescoço, não seriam dotadas de virtudes medicinais semelhantes? Além disso, em Itapuã, não só costumavam, os que ali passassem, ir contemplar as pisadas de São Tomé — um pé descalço, o esquerdo, gravado na própria substância da pedra, enquanto o de São Vicente parecia antes uma pintura natural, bastante viva, mas limitada a superfície —, como havia quem nelas pusesse o próprio pé, tendo para si que desse modo alcançaria melhor saúde[16].

Ao lado do São Tomé taumaturgo, do terapeuta, e também do mestre de conhecimentos úteis, de que se valeriam depois os índios, como o do próprio plantio e preparo da mandioca, ou o do uso da erva-mate, cabe lugar importante ao São Tomé engenheiro. É ainda Vasconcelos quem nos refere como, no Recôncavo da Baía de Todos os Santos, o caminho chamado do Mairapé, feito de areia dura e pura, de cerca de meia légua pelo mar afora, foi milagrosamente aberto pelo apóstolo. O qual, fugindo certa vez à fúria das flechas, quando se amotinou contra ele o gentio durante uma das suas pregações, foi levantando o mar aquela estrada por onde passasse a pé enxuto à vista sua, co-

16 Simão de VASCONCELOS, *Crônica da Companhia de Jesus do Estado do Brasil*, 1, pág. CIT.

brindo logo o princípio dela de água, para não poderem persegui-lo os adversários, que na praia ficaram aturdidos diante de coisa tão extraordinária. Dali em diante passaram a chamar à mesma estrada milagrosa Mairapé, que vale o mesmo, em sua linguagem, que caminho do homem branco, pois assim chamavam a São Tomé, não tendo eles visto até aquela data outro branco.

Mas se, em favor do Mairapé, bem se podia invocar o prodígio sobrenatural das suas origens, a obra incomparavelmente mais famosa do São Tomé mítico, no mesmo ramo de atividades, prende-se à abertura da grande estrada que, saindo da costa do Brasil, se alonga para o interior até ganhar o Paraguai nas vizinhanças de Assunção: a mesma que se fizera célebre com as entradas de Aleixo Garcia, Pero Lobo, Cabeza de Vaca e tantos aventureiros castelhanos e lusitanos durante os dois primeiros séculos da conquista. Chamavam-lhe os do lugar Peabiru e Piabiyu, por outro nome Caminho de São Tomé ou do Pay Zumé, que assim também era conhecido o misterioso personagem.

Na versão que da abertura dessa estrada nos conservou o Padre Antônio Ruiz de Montoya, da Companhia de Jesus, alude-se à fama corrente, em todo o Brasil, entre os moradores portugueses e os naturais que habitavam a terra firme, de como o santo apóstolo principiou a caminhar por terra desde a Ilha de São Vicente, "em que hoje se vêem rastros, que manifestam esse princípio de caminho [...], nas pegadas que [...] deixou impressas numa grande penha, em frente à barra, que segundo público testemunho se vêem no dia de hoje, a menos de um quarto de légua do povoado". "Eu não as vi", pondera o missionário, mas acrescenta que à distância de duzentas léguas da costa, terra adentro, distinguiram, ele e seus companheiros, um caminho ancho de oito palmos, e nesse espaço nascia certa erva muito miúda que, dos dois lados, crescia até quase meia vara, e ainda quando se queimassem aqueles campos, sempre nascia a erva e do mesmo modo. "Corre este caminho", diz mais, "por toda aquela terra, e certificaram-se alguns portugueses que corre muito seguido desde o Brasil, e que comumente lhe chamam o caminho de São Tomé, ao passo que nós tivemos a mesma relação dos índios de nossa espiritual conquista."[17]

Os relatos de outros jesuítas castelhanos, alguns de época muito mais tardia, concordam no essencial com o de Montoya e parecem, não raro, calcados sobre as suas palavras. Assim escreve, por exemplo, o

17 Antônio RUIZ, *Conquista Espiritual hecha por los Religiosos de la Compaítia de Jesus, en las Provincias del Paraguay, Parana, Uruguay, y Tape, escrita por el Padre...*, pág. 30.

Padre Pedro Lozano, aludindo em particular à província de Taiaoba, situada junto às cabeceiras do Piqueri, no sul do Guairá: "Por esta província, corre el camiño nombrado por los guaranies Peabiru y por los españoles de Santo Tomé, que es el que trajo el gloriosissimo apostol por mas de 200 leguas desde la capitania de San Vicente, en el Brasil, y tiene ocho palmos de ancho, em cuyo espacio se le nace una yerba muy menuda que le distingue de toda la demás de los lados, que por la fertilidad crece á media vara, y aunque agostada la paja, se quemen los campos, nunca la yerba del dicho camiño se eleva mas, en reverencia sin duda de las sagradas plantas que la hollaron, y para testimonio de las fatigas que en tierras tales padeceria el apostol primeiro de la América"[18].

Francisco Jarque, por sua vez, na biografia que escreveu de Montoya, além de reproduzir o que diz este das origens e fama do mesmo caminho chamado de São Tomé[19], refere como, por ele, "el Peabiyu, que es el camifio que llaman de San Tomé", tratara o Padre Antônio Ruiz de recolher os catecúmenos que se tinham escapado, em 1628, às garras dos "portugueses

18 Padre Pedro LOZANO, *Historia de la Conquista del Paraguay, 1*, pás.
19 Dr. Dom Francisco JARQUE, *Ruiz Montoya en Indias*, IT, págs. 93 e segs.

del Brasil", assim como à servidão a que os queriam sujeitar os espanhóis da Vila Rica iniciando, à beira dele, a fundação de um povoado que teria, afinal, destino idêntico ao dos outros, destruído que foi pelos mamelucos de São Paulo[20].

Também Nicolas del Techo, recorrendo ao testemunho de Nóbrega, apoiado pelas razões de Orlandini, o historiador da Companhia, refere, já em fins do século XVII, como os viajantes que saíssem do Brasil para o Guairá ainda podiam avistar a senda de São Tomé, onde andara o apóstolo. Conserva-se, adianta, "igual todo el año, sin mas que las hierbas crecen algo y difieren bastante de las que hay en el campo, ofreciendo el aspecto de una via hecha con artificio; jamás la miran los misioneros del Guairá que no experimenten grande asombro"[21], Além disso, perto da capital do Guairá existiriam elevados penhascos coroados de pequenas planícies onde se viam, como em várias partes do Brasil, gravadas sobre o rochedo, pisadas humanas. Contavam os indígenas como, daquele lugar, costumava o apóstolo, frequentemente, pregar ao povo que acudia de toda parte a ouvi-lo.

20 Francisco JARQUE, *Ruiz de Montoya en las Indias*, HI, págs. 154, 163, 187 e 188.
21 Padre Nicolas del TECHO, *Historia de la Provincia del Paraguay de la Companhia de Jesus*, HI, pág. 27.

Na própria cidade de Assunção existia um penedo onde se distinguiam duas pegadas humanas, não de homem descalço, porém a modo de sandálias, impressas na mesma pedra. A planta esquerda, diz Montoya, adiantava-se à direita, como de alguém que fizesse força ou finca-pé, e a tradição corrente entre os índios pretendia que daquela penha pregava o apóstolo aos gentios. As histórias divulgadas em toda a América Portuguesa de revoltas dos naturais e perseguições padecidas por São Tomé também alcançaram aqueles lugares. Segundo certificou o Dr. Lourenço de Mendoza, prelado de Assunção, em depoimento onde se trata dos ditos vestígios, era crença ali, entre os naturais, que devido a maus tratos infligidos ao santo pelos antepassados deles, passaram as raízes de mandioca, dádiva sua, que de início sazonavam em muito pouco tempo, a ser aproveitáveis só um ano e mais depois de cultivadas[22].

Foi do Paraguai, para onde se passara do Brasil, que o mesmo São Tomé se dirigiu em seguida ao Peru, onde seu prestígio vai sofrer, todavia, a concorrência de outro apóstolo, de São Bartolomeu, que para alguns autores teria igualmente vindo ao Novo Mundo. De Assunção, segundo muitas opiniões, corria o cami-

22 Padre Antônio Ruiz, *Conquista Espiritual*, pág. 30.

nho até a famosa lagoa do Paititi, sobre uma distância estimada em duzentas léguas, a qual lagoa assim se chamou por uma corruptela da voz "Pay Tomé", nome dado ao apóstolo santo. Prosseguindo o dito caminho ia ter ao povo de Carabuco, onde se venerou antigamente uma cruz milagrosa, que muitos pretendiam ser do tempo das andanças de São Tomé[23].

Entre os naturais do lugar, mormente entre índios serranos, recolhera o Padre Alonso Ramos Gavilán, da Ordem de Santo Agostinho, a crença de que ali estivera um homem jamais visto até então, a pregar a existência de um Deus único e verdadeiro. Quiseram apedrejá-lo os habitantes de Cacha, a cinco ou seis jornadas de Cuzco, no caminho de Collau, para onde em seguida se dirigira. Eram acordes os depoimentos que puderam recolher as pessoas curiosas das conversas de índios velhos, quanto à ideia de que o apóstolo marchara de leste para oeste, do Brasil para o Peru, através do Paraguai e Tucumã. Alguns precisavam que alcançara o vale de Trujilo pelo lugar de Chachapoias e tomara depois o rumo de Cafiete. Em Calango via-se na missão dos dominicanos, durante o século XVII, uma grande lousa, e nela impressos caracteres que se presumia serem gregos ou hebraicos,

23 Antônio de León PINELO, *El Paraiso en el Nuevo Mundo*, págs. 317 e seps.

porque não acertavam em decifrá-los aqueles que os viram. Tratando de tais caracteres e dos pés estampados, diziam os nativos que um homem de avantajada estatura, branco, olhos azuis e barbas crescidas, fizera incisões na pedra para lhes dar a entender como era poderoso o Deus anunciado em suas prédicas e quão verdadeira a sua lei.

Este último pormenor parece reproduzir alguns aspectos assumidos pela mesma lenda no Brasil, onde já se sabe como, pelo menos em Itajuru, as suas bordoadas no rochedo, que ficara por elas marcado, tinham em vista mostrar o poder da palavra divina, que, no entanto, não penetrava os corações da gente do lugar. Outro tanto se diria das aleivosias e traições que perseguiram o santo no Peru, assim como no Brasil e no Paraguai. A tais extremos chegaram esses desatinos do gentio que, segundo versão generalizada entre peruanos, só um milagre o salvou certa vez da morte pelas chamas. O fato ocorreu quando os índios, depois de edificarem, a seu mando, um templo ao verdadeiro Deus, de que tratara em seus sermões, e de terem levado muita palha para cobrir o edifício, deixaram-na amontoada a um carta para mais tarde continuarem o trabalho. Uma vez, sendo já noite, e tendo o santo adormecido sobre a palha, viram os operários aparecer o demônio, feroz e espantoso, e disse-lhes que tratassem de queimar aquele homem, ateando fogo à palha, ao mesmo tempo em que os censurava pela facilidade com que davam crédito a um adventício e estrangeiro. Fizeram os índios o que lhes mandara o inimigo do gênero humano, mas sucedeu que, ardendo a palha, saiu o santo com toda paz e sossego do meio das chamas, para grande assombro dos gentios[24].

É curioso observar, entretanto, como, à medida que avança do oriente para o poente, a imagem e a predicação do São Tomé americano se enriquece de novos e mais fantásticos elementos. Para começar, andaria ele, no Brasil, geralmente descalço, segundo o fazem crer as pisadas referidas em vários depoimentos, e levava, se tanto, um só acompanhante, que poderia ser outro discípulo de Jesus ou ainda seu próprio anjo da guarda. Nóbrega também se refere a esse companheiro, dizendo que não lhe queriam bem os índios, mas ignorava a razão do malquerer.

Já ao entrar no Paraguai, ele calça sandálias, a julgar pelas pegadas impressas na penedia vizinha a Assunção, mencionada por Lourenço Mendoza e Antônio Ruiz. Ao chegar ao Peru, já o encontram os índios usando uns sapatos semelhantes a sandálias, mas de três solas, como os que deixou perto do vulcão de Are-

24 Padre Antônio RUIZ, *Conquista Espiritual*, pág. 32.

quipa, depois de passar entre fumegantes lavas que escorriam como rio caudaloso. Na sola interna dos ditos sapatos ou sandálias, podia ver-se a marca do suor dos pés, e eram de homem tão grande que a todos causava espanto. "As quais relíquias", escreve Antônio Ruiz, "se julgou comumente que eram do santo discípulo do Senhor. Uma dessas sandálias guarda-a consigo uma senhora principal, em cofre de prata, e faz muitos milagres." Acrescenta que o venerável Padre Diego Alvarez de Paz, também da Companhia, afirmava ter visto muitas vezes a sandália e pretendia ser tão grato o seu aroma e fragrância, que deixava longe outro qualquer olor[25].

Além das sandálias ou sapatos de tríplice sola, compreendia a indumentária do São Tomé peruano, segundo variados testemunhos, uma única túnica feita não se sabe se de algodão ou lã, ao parecer inconsútil w de cor tirante à do girassol. Nicolas del Techo também faz referência a um par de sapatos do santo, achados, estes, não entre as lavas do vulcão de Arequipa, mas no meio das cinzas de uma floresta incendiada, juntamente com uma túnica inconsútil de matéria desconhecida[26]. E, segundo pôde saber o Pa-

25 Padre Antônio RUIZ, *Conquista Espiritual*, pág. 31 v.
26 Padre Nicolas del TECIIO, *Historia de la Provincia del Paraguay*, HI, pás. 23.

dre Alonso Ramos dos índios velhos, fazia-se acompanhar ordinariamente de cinco ou seis índios.

Outra particularidade da lenda peruana de São Tomé está nisto, que em contraste com o sucedido no Brasil, onde, perseguido dos índios, procurava muitas vezes fugir às insídias e tiranias destes, mostrava-se o apóstolo impaciente de qualquer injúria. Aliás, já se viu como no Paraguai chegara a castigar a insolência dos gentios, dilatando o prazo de amadurecimento da mandioca. Passando-se, porém, ao assento de Cacha, caminho de Collau, manifestara seu alto poder, fazendo com que baixasse o fogo do céu para castigar os desaforos dos que o pretenderam apedrejar. De onde o ficarem abrasadas ali as próprias pedras, testemunho perene de tamanho milagre. No Titicaca teve a pretensão de querer ver o altar e adoratório mantido pelos Colla, com a intenção de o destruir. Silenciam, porém, os depoimentos conhecidos sobre o resultado desse intento.

Além das simples pegadas que deixou por todo o Brasil e o Paraguai, a presença de São Tomé nas terras peruanas ficou assinalada por marcas ainda mais notáveis, como aquelas que se viam junto ao povoado de Santo Antônio, província de Chachapoias, onde estivera o Padre Montoya. Numa grande laje, a duas léguas do referido povoado, podiam ver-se estampados dois pés unidos, e logo adiante, dois cavoucos, cabendo em cada um deles um joelho, indício de que o santo faria ali suas preces. Ao lado dessas, na mesma laje, achava-se, nitidamente desenhada, uma impressão como de báculo, que teria duas varas de comprido e nós de espaço a espaço, segundo se pode apurar da silhueta gravada. Por onde se poderia conjeturar, pensa o jesuíta, que o apóstolo largava o báculo para juntar as mãos e rezar. Constava que o Arcebispo Dom Toribio Mongrobejo chegara a ir pessoalmente ao lugar a fim de certificar-se da existência dos famosos sinais e, de joelhos e mãos postas, dera graças ao Senhor por ter podido ver rastros de um santo discípulo de Jesus Cristo.

Acrescenta Montoya que o mesmo Arcebispo de Lima pretendeu mudar de lugar a pedra onde se achavam as impressões, mas não o conseguira. E que antes de chegarem ao Peru os espanhóis, Colla Tupa, governador da dita província em nome do Inca Huascar, já a quisera remover para outra parte, sem resultado. À vista disso, deixara ordem aos índios para que a adorassem. O mesmo Dom Toribio ordenou que no lugar se fabricasse uma capela para que os rastros do santo ficassem postos em boa decência. O Padre Techo, que relata as mesmas coisas, diz de alguns dos antigos habitantes do Peru que tinham grande devoção pelo apóstolo, reputando-o filho do Criador e, como tal, prestando-lhe culto.

De um báculo onde se sustentava o apóstolo, segundo aquelas marcas que dele ficaram no rochedo de Chachapoias, também há notícia no Brasil, atestada ao menos pelas bordoadas do Itajuru, a que aludiu Vasconcelos. No Peru, entretanto, esse bordão era com frequência substituído pela cruz: elemento que se torna inseparável da tradição local das andanças de São Tomé. Sustenta o Padre Montoya, como coisa fora de dúvida, que o discípulo tinha sido devotíssimo das chagas do mestre divino, pela especial graça que lhe fizera Jesus, deixando que as tocasse com as próprias mãos; e não podendo levar exteriormente as mesmas chagas, se bem que em seu coração as guardava impressas, valia-se daquele instrumento, a cruz, por onde elas se fizeram.

Parecia-lhe, assim, muito de crer, que o santo trouxe consigo ao Novo Mundo o símbolo e sinal que dera na Ásia de sua futura pregação, e feito de pedra. Em Mèliapor, onde padecera o martírio, mostrava-se uma cruz esculpida em pedra, com manchas de sangue, e na mesma pedra havia outros sinais seus, que ainda nessas marcas não quisera que o Ocidente fora inferior ao Oriente. Nas Índias Orientais tinham sido encontradas letras incógnitas, e outro tanto se vira nas Ocidentais. Foi morto por um brâmane sobre uma laje, e a cruz que carregava neste Ocidente era de tanto peso como uma rocha, e não menos incorruptível, pois estivera metida mais de mil e quinhentos anos em terra banhada de água, continuando intacta, maciça e sólida como se pedra fora. E além disso desprendia de si uma fragrância particular, sem dar mostra de que, em algum tempo, chegara a padecer corrupção.

Dessa cruz, associada no Peru à lembrança do apóstolo, refere o Padre Nicolau del Techo que aparecera primeiramente em Carabuco, aldeia de neófitos situada nas imediações do Lago de Titicaca. Sabedor de sua existência, o Padre Sarmiento mandou cavoucar as margens do mesmo lago, onde se dizia que estava enterrada, e desse modo puderam finalmente retirá-la. Entre os espanhóis, tanto quanto entre crioulos e índios, alcançou grande veneração pelos muitos milagres que lhe atribuíram, sendo o maior deles o de que, à imitação da cruz de Cristo, não minguava de tamanho, por mais que lhe arrancassem continuamente fragmentos para edificação dos fiéis.

Dizia a tradição preservada pelos padres que a cruz fora erigida por São Tomé em desafio à cólera dos demônios, os quais ameaçaram os índios com não dar oráculos enquanto a não derrubassem. Por isso jogaram-na os naturais à água, várias vezes, sem que deixasse de sobrenadar. Malogrado o intento, procuraram queimá-la, mas inutilmente. Vendo, assim, que não a podiam destruir, enterraram-na em fosse profundo, junto às beiradas do lago. Das tentativas para reduzi-la a cinzas conservavam-se ainda sinais, segundo o disse Nicolau del Techo[27]".

Largamente se ocupa Montoya no esmiuçar suas possíveis origens. A altura, de quase duas varas, a espessura, antes de lavrada, porque depois ainda era de um palmo, e além disso o seu grande peso, tamanho que, levada metade dela a Chuquisaca, a custo a transportaram duas mulas, e jogadas algumas partículas à água, foram logo ao fundo — em contraste com o que diz Techo —, fariam duvidar que a madeira tivesse ido a Carabuco do Paraguai ou do Peru ou que o santo levasse carga de tais distâncias. De qualquer modo parecia-lhe quase certo que teria sido transportada de muito longe, e que a não fez em Carabuco, pois toda aquela comarca é falta não só de madeira de proveito para qualquer lavor, mas até mesmo de paus para lenha comum. E além de faltar madeira aproveitável na região de Carabuco, ignora-se em toda a terra do Peru que haja nela semelhante

27 Padre Nicolas del TECIIO, *Historia de la Provincia del Paraguay*, II, pág. 24.

essência, tão pesada e olorosa, e daquela qualidade e cor, de onde se pode ter por coisa assente que havia de ter ido muito longe.

Que o mesmo sucede no próprio Paraguai, certifica-o, por outro lado, Montoya, alegando que nos quase trinta anos em que ele e os seus andavam naquela província, à busca de índios gentios, jamais lhes chegou notícia de coisa parecida. Como tivesse em seu poder um pedaço desse milagroso madeiro, com testemunho certo, e fizesse muitos cotejos, pudera, afinal, verificar que fora aquela cruz de São Tomé fabricada de uma árvore existente no Brasil, a que os naturais chamavam jacarandá e os espanhóis pau-santo, de que se faziam coisas mui curiosas, por isso que remedava o ébano.

Viu, dessa forma, que eram ambas da mesma espécie, e assim o afirmavam os práticos e os que fizeram experiências, comparando a cor de ambas, a fragrância e muito especialmente o peso, pois também o jacarandá, por minúsculas que sejam as partículas usadas, vai logo ao fundo se posto em água. De onde se poderia coligir que São Tomé fabricou a cruz de Carabuco no Brasil e deu início à sua pregação nesta parte do mundo, comunicando a toda a espécie da tal madeira as virtudes que a experiência ensinava para a saúde humana, porque, bebida a água onde ela fosse deixada em cozimento, dava os melhores resultados, principalmente nos casos de disenteria, e é a causa de terem dado ao jacarandá o nome de pau-santo.

Ainda que na América Lusitana o símbolo cristão não andasse, na aparência, associado às histórias indígenas de São Tomé, todas essas razões servem ao autor da Conquista Espiritual para abono de sua tese das origens brasileiras da cruz que o apóstolo chantou na beira do Titicaca. E é possível que o confirmasse ainda mais nessa crença o que haveria de milagre no transporte, sobre tão larga distância, de tão maravilhoso lenho, pois, indiferente ao seu peso extraordinário, não duvidara o discípulo de Jesus em levá-la consigo num percurso de mais de mil e duzentas léguas[28]. E àqueles que, imitando a seu modo o próprio São Tomé, pusessem em dúvida tão alto prodígio, já que três cavalos mal poderiam puxar semelhante madeiro, quanto mais um homem sozinho, mostra Nicolas del Techo que não fora esse o único milagre da mesma natureza devido ao apóstolo dos gentios: "Com efeito", diz, recordando um testemunho do padre Osório, "existe em Mèliapor, onde jaz enterrado São Tomé, um tronco de árvore miraculosamente levado pelo apóstolo, e ta-

28 Padre Antônio RUIZ, *Conquista Espiritual*, pág. 34.

manho que o não poderiam arrastar muitas parelhas de bois ou elefantes"[29].

Por esse aspecto ainda parece o São Tomé americano estreitamente ligado ao protótipo da Ásia. E o testemunho do Padre Osório, invocado por Nicolau de Trecho, bem merece ser posto em confrontação com as versões de viajantes e cronistas portugueses da Índia sobre um madeiro encalhado nas areias do mar de Ceilão, o qual não o puderam desalojar os muitos homens e elefantes mandados a tirá-lo fora em terra, sendo, no entanto, facilmente arrastado e em seguida lavrado pelo discípulo de Jesus, sem a ajuda de qualquer outra pessoa[30]. Não seria de forja lusitana semelhante versão, pois, mais de meio século antes da viagem de Vasco da Gama, já a ouvira com pouca diferença o espanhol Pedro Tafur da boca de Nicolô de Conti, o renegado veneziano que andara nas partes do Oriente[31]. A diferença estava nisto principalmente, que o façanhoso tronco se deixava levar, neste último caso, não pelas águas do mar, mas pelas do Nilo, que

29 Nicolas de TECIIO, *Historia de la Provincia del Puragvai, II*, pág. 25.
30 "Livro de Duarte Barbosa", Colecção de Notícias para a Historia e Geografia das Nações Ultramarinas que vivem nos Domínios Portugueses, publicada pela Academia Real das Sciencias, t. II, 2:ed., Lisboa, 1867, pág. 345 e segs.
31 Pedro TAFUR, *Travels and Adventures*, págs. 94 e segs.

Tafur situa na Índia, o que não é para admirar, pois tudo parece possível naquela mítica geografia: a outro interlocutor, Poggio Bracciolini, dissera aliás o mesmo Nicolô que os pretensos ossos e a igreja de São Tomé ficavam em Mèliapor, na Índia"[32].

Precisa-se, ainda na versão de Tafur, que a árvore carregada pelas águas era um linalois de descomunal grandeza. Tendo feito o templo, juntou o apóstolo os cavacos que sobejaram, distribuindo-os aos cristãos de São Tomé, que os traziam sempre pendentes ao peito, e tanto deles se fiavam, que à hora da morte, quando não lhes fosse dado comungar de outro modo, das tais lascas se valiam como de hóstias consagradas. Acrescenta o espanhol, ao falar no "Nilo", que manavam suas águas do Éden, querendo com isso significar, talvez, que o transporte das árvores se fazia antes de meter-se o dito rio — o Gion das Escrituras — por debaixo do mar rumo à terra do Egito.

---

32 Assim diz o texto português de impressão de Poggio por Valentim Fernandes, alemão, publicada em 1503, em seguimento ao *Livro do Marco Polo*: "Dally em diante se foy o dito Nycolau a hua cidade de myll vezinhos chamada Malpuria que faz em a costa do mar e no segundo alem do ryo Indo honde o corpo de saneto Thome apostolo honrradamente foy sepultado em hua ygreja grande e muy fremosa", Marco Paula. *O Livro de Marco Polo. O Livro de Nicolau Veneto. Carta de Jerônimo de Santo Estevam.* Em "O Livro de Nicolau Veneto" 81r.

Também na narrativa apócrifa das peregrinações do Infante Dom Pedro de Portugal, o da Alfarrobeira, conta-se, como especialidade do Gion, o transportar trocos de linalois[33]. Outros queriam simplesmente que essa essência viesse do Paraíso, sem especificarem a via tomada. Essa opinião ainda tinha adeptos no século XVI, se não mal se explicaria que se desse um Garcia da Orta o trabalho de desenganar a respeito o Ruano dos seus Colóquios: "Nunqua", diz ele, "mereci ir ao Paraíso Terreal: mas contudo diguo que aonde nasce (o linalois) não há alguns dos rios que dizem vir do paraíso terreal, senão bem longe delle; por onde não se escusam esses senhores de dizer tal fabula"[34]. Não custaria muito mudar no jacarandá, pau de muito peso, bom cheiro, e que dificilmente se corrompe, o lenho sagrado da Índia, que tem iguais virtudes, nessa transfiguração americana das histórias de São Tomé. Do madeiro que foi dar em Chacabuco, e que se pretendeu originário do Brasil, diz mais Nicolau de Te-

33 Gomez de SANTISTÉBAN, *Libro del Infante Don Pedro de Portugal*. Publicado segundo as mais antigas edições por Francis M. Rogers, pág. 49. Ver também o texto da edição portuguesa de 1602: "Livro do Infante Dom Pedro de Portugal. O qual andou as sete Partidas do Mundo. Feyto por Gomez, de Sancto Esteuão, hum dos doze que foram em sua companhia", recentemente publicado pela Companhia dos Diamantes de Angola.
34 Garcia da ORTA, *Colóquios dos Simples e Drogas da Índia*, pág. 53.

cho, que o Padre Diogo de Torres mandou partículas, num relicário de ouro, ao papa Clemente VII e a vários cardeais, que o receberam em grande estima.

Ao constante socorro da Providência Divina deveram-se outros inúmeros sinais milagrosos que envolveram no Peru o apostolado de São Tomé. Entre os quais não seria de menor admiração aquele que narrou o frade agostiniano Alonso Ramos, fundado em notícias de um índio velho sobre certas aves vistosas que ali acompanhavam São Tomé, ou o Pay Tumé, como era chamado dos naturais, em todas as horas de aflição. Corria que, tendo os gentios, certa vez, açoitado e amarrado o santo, por instigação do demônio, no mesmo instante baixaram aquelas formosíssimas aves e o desataram. Livre assim da prisão, estendeu ele seu precioso manto sobre a lagoa vizinha, que tem oitenta léguas de circuito, navegou por ela e, passando em seguida num juncal, deixou no lugar uma senda que não mais desapareceu, e era tida em veneração entre toda gente. Aqueles mesmos juncos ou espadanas por onde fora aberto o caminho passaram a servir de mezinha aos enfermos, que, comendo de suas folhas, logo saravam.

Podem reconhecer-se nessa história, onde volta a surgir o São Tomé engenheiro e curandeiro, uma transposição, naturalmente muito mais rica, de certos aspectos que já tinha assumido o mito brasileiro de Sumé. Na passagem pela lagoa e na senda por entre os juncais não haveria um desdobramento do caso de Mairapé, que o santo abriu mar adentro, para fugir, também aqui, à sanha dos gentios? A persistência destes motivos deduz-se ainda das alusões do próprio Nóbrega às pisadas de Zomé que ele fora ver na Bahia em 1549, "e vi com os próprios olhos", diz, sinaladas junto de um rio. Ao que lhe informaram, deixara o santo aquelas pisadas, em número de quatro, e bem nítidas, com seus dedos, no momento em que ia fugindo dos índios, "e chegando ali se lhe abrira o rio, e passara por meio dele, sem se molhar, à outra parte. E dali foi para a Índia[35]. Por outro lado, no caso das vistosas e formosíssimas aves que acompanhavam o Pay Tumé no Peru caberia pensar naqueles pavões que andam associados ao mito no Oriente. Contudo, o informante índio de Frei Alonso precisara que, depois de sua conversão, se certificara de que eram anjos do céu.

Não duvidava Montoya que, sem embargo das perseguições que lhe moveram os índios, tivesse dado algum fruto o seu apostolado. A esse propósito cita, como um vago pressentimento da Santíssima Trindade, lembrança porventura das prédicas de São Tomé,

35 Padre Manuel da NÓBREGA, *Cartas do Brasil*, pág. 66.

o caso das três estátuas do Sol de Chuquilla, significando, respectivamente, o pai e senhor Sol, o filho Sol e o irmão Sol, ou ainda o do adoratório de certo ídolo peruano, que no dizer dos índios, em um eram três e em três um, que outro cronista ilustre, como ele soldado da Companhia, atribui, no entanto, a alguma diabólica insídia. Porque o demônio, escreve com efeito José de Acosta, é capaz de tudo fazer para furtar à verdade quanto sirva às suas mentiras e embustes, com aquela infernal e porfiada soberba de quem sempre apetece ser igual a Deus. E adverte que, onde refere essas abusões, mostrando o exercício em que o demônio ocupava seus devotos, é tão-somente para que, a seu pesar, se veja a diferença entre a luz e as trevas, e entre a verdade cristã e a mentira gentílica, por mais que tivesse procurado, com artifícios, arremedar as coisas de Deus, o inimigo de Deus e dos homens[36].

Num ponto, entretanto, parece fora de discussão a missionários que identificaram o Sumé brasílico e o Pay Tumé peruano ao discípulo de Jesus: na ajuda que teria ele prestado à obra da conversão do gentio. O próprio Nóbrega já escrevera que, segundo tradição dos índios, anunciara-lhes São Tomé, ao partir para

36 José de ACOSTA, *História Natural y Moral de las Indias*, págs. 430 e segs.

a Índia, que "havia de tornar a vê-los"[37]. Por sua vez, os missionários jesuítas do Paraguai não hesitaram em interpretar essa promessa como anúncio de seu próprio apostolado. Aos Padres Mazeta e Cataldino chegara mesmo certo cacique do Paranapanema a dizer de Pay Zomé que falara aos seus antepassados do dia em que toda aquela gentileza se haveria de estabelecer em povoados, por obra de certos homens que levariam a cruz diante de si, o que afinal se realizou com as fundações de Santo Inácio e Loreto. Mais tarde, o mesmo Padre Cassadino pudera averiguar pessoalmente, no Pirapó, como em várias regiões do Guairá se conservava bastante viva a recordação de São Tomé.

É de supor que essa feição pelo mito tivesse contribuído poderosamente para dar impulso à obra missionária desenvolvida pelos padres durante toda a sua assistência nas terras do Paraguai e, em particular, do Guairá castelhano. É significativo, a esse propósito, o testemunho do jesuíta Nicolau Durán, em sua ânua de 1628, onde dá conta do estado das reduções mantidas pelos inacianos em toda a província. Embora em documentos anteriores se tivesse referido à notícia corrente naquelas partes da vinda do glorioso São

37 Padre Manuel da NÓBREGA, *Cartas do Brasil*, pág. 66.

Tomé, admite que a princípio não lhes dera muito crédito, e em particular a certa profecia que teria feito o apóstolo aos índios, da futura pregação dos padres da Companhia.

Com o tempo, entretanto, a larga difusão alcançada entre os gentios pela mesma predição, que era propalada através de diferentes nações, e bem distantes umas das outras, acabaria por tirar-lhe todas as dúvidas que ainda pudesse alimentar sobre tão extraordinários sucessos. De maneira alguma, diz, pode haver suspeita quanto ao fato de ter sido feita aquela predição aos naturais do lugar, já que as palavras destes são perfeitamente concordes em tudo, sem que se possa encontrar entre elas a menor discrepância.

Referem esses índios, acrescenta, que o Santo Apóstolo disse aos seus antepassados, e pela tradição se comunicou o dito de pais a filhos, como em tempos vindouros deveriam chegar a suas terras uns padres, seus sucessores, a ensinar-lhes a palavra de Deus, que já àquela época lhes era por ele anunciada. Esses mesmos cuidariam de juntar os índios esparsos em povoações grandes, onde viveriam em ordem e polícia cristã, amando-se uns aos outros e tendo cada qual uma só mulher. Trariam cruzes os novos pregadores e, por obra deles, tupis e guaranis se amariam sem diferenças de nações ou emulações. Afirmavam ainda que,

ao entrar ele, Padre Durán, dois anos antes a convocá-los e reduzi-los, trazendo consigo uma cruz, "que
em vez de báculo era o que costumavam usar os padres naquelas terras", logo se lembraram das mesmas
profecias, dizendo entre si: "sem dúvida são os padres
que aos nossos avós tinha prometido o Santo Sumé".

Foi essa a causa principal de terem os gentios deixado suas terras com tão grande vontade para seguir
àqueles sacerdotes, o que não deixou de maravilhar o
Padre Durán, por ser muita a gente que então levou
à redução de São Xavier, dividida em tropas. E ali se
ficaram todos muito satisfeitos, com o verem que se
tinha cumprido o que lhes afirmavam os antepassados, pois o que ensinavam os missionários, e nisto
concordava a sua com a lição do glorioso apóstolo,
era que se amassem umas nações às outras, de sorte
que iam "perdendo o bestial costume de matarem-se
e comerem-se"[38].

A explicação de tão nítida lembrança, entre os índios do Guairá, dos ensinamentos do Pay Zumé, que
justificaria, por si só, o prestígio do mito no Guairá e
através de todo o Paraguai, de onde se estenderia ao
Peru, bem pode prender-se à memória de fatos que,

38 "Carta ânua do P. Nicolas Mastrillo Durán. Cordova, 12 de novembro de 1628", *Jesuítas e Bandeirantes no Guairá*, págs. 233 e segs.
39 Cf. pág. 85, retro.

por sua vez, se teriam associado, para reforçá-la, a uma crença ancestral das tribos Carijó. Em outras palavras, na tradição que guardavam aqueles índios do sul de seu herói civilizador, a lenda teria ganho em consistência, robustez e verossimilhança, com a intervenção de acontecimentos históricos mais ou menos recentes, e que impressionaram vivamente as mesmas populações.

Na atividade que, já a partir de 1538, e até 1546, ano em que morreu, desenvolvera na Ilha de Santa Catarina, no continente vizinho, no Guairá e até em Assunção, o Frade Bernardo de Armenta, comissário da Ordem de São Francisco, estariam, muito possivelmente, os acontecimentos históricos que podem ter servido para avivar a lenda. A alta reputação ganha por ele entre os indígenas teria sido partilhada e talvez herdada, até certo ponto, por outro franciscano que o acompanhou e lhe sobreviveu, Frei Alonso Lebron, o mesmo que Pascoal Fernandes iria aprisionar em 1548, levando para São Vicente[39]. A este podia corresponder, na história, o papel atribuído no mito indígena ao "companheiro" de Sumé.

Sabe-se que Frei Bernardo percorreu, pelo menos uma vez, em toda a sua extensão, o caminho chamado de São Tomé quando acompanhou, à frente de uma centena de índios, o Governador Cabeza de Vaca, e que o tinham em grande acatamento aqueles índios. Posto que o não estimasse o "adelantado", autor de sérias acusações ao seu comportamento, entre outras a de que, junto com Frei Alonso Lebron, guardaria encerradas em sua casa mais de trinta índias dos doze aos vinte anos de idade[40], a boa conta em que era geralmente havido entre catecúmenos e gentios Carijó espelha-se no nome que todos lhe atribuíam de Pay Zumé, como a identificá-lo com figura mítica.

Consta que, ao chegar a Santa Catarina, onde aceita a oferta do feitor real Pedro Dorantes, que se propõe ir descobrir o caminho "por donde garcia entró", Cabeza de Vaca conseguiria realizar mais facilmente o intento de penetrar por terra até o Paraguai pelo fato de o julgarem os índios filho do comissário da Ordem de São Francisco, ou seja, de Bernardo de Armenta, "a quien ellos dizen Payçumé y tienen en mucha veneración", segundo se expressaria em carta o próprio Dorantes[41].

No que dirão mais tarde os guaiarenhos aos missionários jesuítas, não parece muito fácil separar o que pertenceria ao franciscano, predecessor daqueles na obra de catequese, dos atributos do personagem

40 R. de Lafuente MACIIAÍN, *Los Conquistadores del Rio de la Plata*, pág. 67.
41 Enrique de GANDIA, *Historia de la Conquista del Rio de La Plata*, pág. 173.

mitológico celebrado pelos seus avós e a eles comunicado de geração em geração. Mesmo no nome dado ao caminho que, da costa do Brasil, procurava as partes centrais do continente, não se prenderia, de alguma forma, a lendária tradição a uma verdade histórica ou, mais precisamente, ao fato de o ter trilhado Frei Bernardo, que na imaginação dos índios da terra deveria ser figura mais considerável do que o adelantado?

O certo, por este ou outro motivo, é que o mítico Sumé assume então no Paraguai, em particular no Guairá, que se achava para todos os efeitos dentro do Paraguai, proporções que desconhecera na América Lusitana, de precursor declarado e verdadeiro profeta da catequese jesuítica. Que dizer então do Pay Tumé peruano, em quem se acrisolam suas virtudes taumatúrgicas, dando ensejo à formação de toda uma brilhante hagiografia capaz de emparelhar-se com a do apóstolo cristão nas supostas andanças através do extremo oriente?

O primeiro passo para essa metamorfose do herói civilizador indígena fora dado, em verdade, no Brasil, devido à identificação, sugerida pela similitude dos nomes, entre o Sumé dos naturais da terra e o São Tomé apóstolo dos gentios. Não apenas essa similitude, aliás, como o contato maior do português do extremo oriente que, tanto quanto os índios da

América, tendiam frequentemente a assimilar certos petroglifos a pisadas de algum antigo e misterioso personagem como o próprio Buda ou o discípulo do Cristo, deveriam naturalmente incliná-lo a essa identificação.

Contudo, pode dizer-se que se limitou quase a ela, entre nós, a colaboração do europeu com a tradição indígena. Através dos depoimentos deixados pelos cronistas portugueses, nada mais se encontra no São Tomé americano que já não pudesse estar nas versões correntes entre os primitivos moradores da terra. Quando muito procuraria o adventício utilizar o mito de forma a atender a problemas da catequese e às próprias exigências da fé ou às palavras dos teólogos mais reputados.

Com efeito, segundo uma opinião apoiada nas melhores interpretações dos textos sagrados, devia estar fora de dúvida a pregação universal do Evangelho em eras mais ou menos remotas. Pois já não dissera o salmista e não o reiterara São Paulo aos romanos que por toda a terra correu o som da voz divina e que suas palavras chegaram aos confins do mundo: "et in fines orbis terrae verba eorum"? Era certo, porém, que os descobrimentos de um mundo novo e inteiramente ignorado dos antigos revelara a existência de povos que se diria estremes do influxo das verdades do Cristianismo.

Que tais sucessos podiam embaraçar e, de fato, já vinham embaraçando muitos dos que se atinham à opinião tradicional, mostram-no as conclusões que do descobrimento da América chegara a tirar um historiador quinhentista, aparentemente pouco zeloso da ortodoxia. Ainda se podiam admitir, pois já se fundavam agora na evidência incontrastável, as críticas de Guicciardini aqueles que imaginavam intransponível a linha equinocial ou inabitável a zona tórrida, ou ainda que sob os pés dos habitantes do mundo até então conhecido existissem na Terra outros habitantes a que chamavam antípodas. Menos certas, contudo, deveriam parecer algumas das suas ilações indemonstráveis, tiradas de simples e vãs aparências.

Pois não ousara o florentino alçar-se, argumentando com aquele descobrimento contra certezas mais veneráveis e abonadas pela unanimidade dos teólogos? Não só à navegação de Colombo veio lançar confusão sobre muitas coisas afirmadas pelos antigos quanto a matérias terrenas, assim ponderara ele, "mas produziu, ao lado disso, alguma ansiedade nos intérpretes da Sagrada Escritura habituados a entender que aquele versículo do salmo onde se diz que em toda a Terra saiu o som delas e até os confins do mundo chegaram suas palavras, significasse que a fé cristã, pela boca dos apóstolos, tivesse penetrado o mundo inteiro: interpretação alheia à verdade, pois que não aparecendo notícia alguma dessas terras e não existindo ali sinal algum de nossa fé, nem merece ser acreditado que a lei de Cristo tenha chegado ali antes destes tempos, nem que essa parte do mundo tivesse sido jamais descoberta ou achada por homens de nosso hemisfério"[42].

Ora, enquanto a Igreja se via impelida a uma ampla revisão de suas antigas posições, buscando renovar a própria estrutura ideológica de acordo com a imagem do mundo que se começava, pela primeira vez, a descortinar, a simples tentativa de identificação de um herói mítico ancestral dos índios do Brasil com o apóstolo das Índias deveria simplificar as dúvidas, fornecendo uma solução concreta e "histórica" para o problema. Solução coincidente, aliás, com as teses

---

42 Francesco GUICCIARDINI, *Storia d'Italia, II*, pág. 132: "Né solo ha questa navicazione confuso molte cose affermate dagli scritorri delle cose terene, ma dato, altre a ciô, qualche anzietá agli interpreti della scritura sacra, soliti a interpretare che quel versícolo del salmo, che contiene che in tutta la terra usci il suono loro e ne'confini del mondo le parole loro, significasse che la fede di Cristo fusse, per la bocca degli apostoli, penetrata per tutto il mondo: irterpretazione aliena dalla veritã, perché non apparendo notizia alcuna di queste terre, né trovandosi segno o reliquia alcuna della nostra fede, ê indegno di essere creduto o che la fede di Cristo vi sia stata innanzi a questi tempi o che questa pare si vasta del mondo sia mai piú stata scoperta o trovata da uomini del nostro emisferio."

a que permaneciam fiéis muitos dos mais ilustres teólogos da Contra-Reforma, com Belarmino, ainda aferrados à ideia da universal pregação dos apóstolos, que teria chegado às remotíssimas ilhas do Mar Oceano onde, perdida mais tarde a lembrança delas, ia sendo reavivada agora pelos novos apóstolos[43].

Por outro lado, o próprio resgate e escravidão dos índios americanos, assim como dos negros africanos, que os portugueses, mesmo os jesuítas portugueses, foram naturalmente menos solícitos em combater com razões teológicas do que numerosos autores castelhanos, a começar por Vitória e Las Casas, poderiam ser praticados, nessas condições, sem excessivo escrúpulo. Pois uma vez admitida a pregação universal do Evangelho, tenderiam por força a alargar-se as possibilidades de guerra justa contra alguns povos primitivos, equiparados, agora, não a simples gentios, ignorantes da verdade revelada, mas aos apóstatas.

É sempre curioso notar como o São Tomé americano que, para os colonos e missionários do Brasil, não passa, se tanto, de um mito vagamente propedêutico, se vai enriquecer e ganhar maior lustre à medida que a notícia de suas prédicas se expande para oes-

43 Cf. Rosario ROMEO, *Le Scoperte Americane nella Coscienza Italiana del Cinquecento*, págs. 46 e segs.

te, rumo às possessões de Castela. Sendo, como é, de fato, o único mito da conquista cuja procedência luso-brasileira parece bem assente, essa circunstância é o bastante, sem dúvida, para dar uma noção da mentalidade que dirigiu cada um dos dois povos ibéricos em sua obra colonizadora.

Cadernos Ultramares

* 9 7 8 6 5 8 6 9 6 2 4 7 5 *